JN013985

ビジネスの極意は世阿弥が教えてくれた

自分の価値を最大化する"核心の仕事術"

経済コラムニスト
大江英樹

青春出版社

はじめに

世界最高のビジネス書は六〇〇年前の日本にあった

世阿弥という人物をご存じでしょうか？　みなさんも名前ぐらいは聞いたことがあると思いますが、今から約六〇〇年前の室町時代に能楽を大成した人です。世阿弥は『風姿花伝』と『花鏡』という能に関する二冊の書物を世に残していますが、実はそれらは現在の私たちから見ても世界最高のビジネス書だと言えるほど示唆に富み、教訓を与えてくれます。いわば芸術家であった世阿弥とビジネスが、いったいどこでどう結びつくのか。それは本書を読んでいくにつれて明らかになっていきます。

私は野村證券で長年にわたって個人の資産運用相談業務にかかわり、四〇万人以上の確定拠出年金加入者に投資教育を提供してきました。二〇一二年に独立して会社を立ち上げてからは、経済コラムニストとして全国で講演や執筆などを中心に活動しています。

能や歌舞伎が好きで観ることはよくありますが、それらに関する専門的な知識はありません。でも、長年ビジネスの現場で厳しい仕事と向き合ってきたので、ビジネスの方法論や営業戦略については多くの経験と知識を持っています。そんな私は、この世阿弥の著書を長年にわたって仕事上の座右の書としてきました。数えきれないほど豊富なビジネスのヒントがそこにあったからです。

本書は能楽に関する本ではなく、芸能に関する話や能自体に関する話題はほとんど出てきません。普通のビジネスパーソンが、世阿弥が会得した方法論を仕事でどう役立てられるのかを解説した本です。世阿弥という室町時代の能役者が素晴らしいビジネスセンスを持っていたこと、そして二冊の書物から読み解ける考え方やノウハウは、今もまったく色あせていないことがわかるはずです。

世阿弥の書は役者を対象に書いてはいるものの、その内容は実に普遍的です。具体的な技術論を抽象化して論じているため、私たちビジネスパーソンもすぐ応用できます。

たとえば舞台における演技で他の役者からの呼びかけにすぐに反応するのではなく、ほんの何分の一秒か間を置いてから返す方が顧客に伝わるという技術的な話があります。普通のビジネスパーソンには、何の役にも立たないように感じられるかもしれません。でも、そのわずかな〝間〟は観客の意識を集中させるためのものだとわかっていれば、交渉やプレゼンテーションの場でおおいに役立ちます。つまり、世阿弥の書は単なる技術論を超え、普遍的なビジネス論として私たちに迫ってくるのです。むしろ能役者ではない人の方が、インスパイアされる度合いはより強いかもしれません。

証券会社の仕事で悩んだときや壁に突き当たったとき、何度も『風姿花伝』や『花鏡』の言葉に助けられました。現代の優れた経営書に比べてもけっして劣らぬ内容で、私は日本のこれまでの書物でも最高のビジネス書ではないかとすら思っています。能にはまったく興味がなくても、読んでけっして損のない本です。

本書の内容が、少しでもあなたのビジネスを向上させるヒントになれば、著者としてこれ以上の喜びはありません。

大江英樹

『ビジネスの極意は世阿弥が教えてくれた』——目次

序章 なぜ世阿弥の書は最高のビジネス書だと言えるのか

第一章

世阿弥が教えてくれる「マーケティングの極意」

第二章

世阿弥が教えてくれる「一生モノのビジネススキル」

第三章

世阿弥が教えてくれる「バリューの本質」

第四章 世阿弥の言葉は苦境にいるビジネスパーソンを救う

装丁・本文デザイン　ＯＫＩ－ＫＡＴＡ（山之口正和＋齋藤友貴）
本文イラスト　瀬川尚志
ＤＴＰ　アスラン編集スタジオ（佐藤純）

序章

なぜ世阿弥の書は最高のビジネス書だと言えるのか

この章では、世阿弥とは一体どういう人物なのかということから、能という芸術の起源、能の歴史で世阿弥が果たした役割について解説します。「なぜ世阿弥はこうした一連の書を著すことができたのか？」「その目的は何だったのか？」。そうした秘密を探るとともに、世阿弥が残してくれた書が、現代の私たちのビジネスに極めて大きなヒントを与えてくれる理由について解き明かします。

世阿弥の教えは単なる芸術論や演技論ではなく、また精神論でもなく、まさに実践の書なのです。彼が活躍した時代の背景を考えていくと、これほど優れた実践書を著した動機もわかります。同時に、世阿弥がいかに非凡な才能を持った芸術家であり経営者であったのか、この章で解き明かしていきます。

世阿弥とは何者なのか

本書のタイトルにもなっている世阿弥は、一般的には能役者として知られています。現在も能の流派としてよく知られている観世流（かんぜりゅう）ですが、これは世阿弥の父である観阿弥（かんあみ）の幼名からつけられたものです。世阿弥はそれを受け継ぎ、能楽という芸能の一大分野を大成させました。能は世界的にも高い評価を受けている日本の伝統演劇であり、世阿弥は現代につながる能の基礎をこしらえた人物として、能楽の歴史上で最も偉大で有名な人物であることは間違いありません。

そもそも、能の起源となったのは猿楽（さるがく）（申楽）という芸能です。それは現在の能の高尚なイメージより大衆的なもので、それ以外にも田楽（でんがく）や傀儡（くぐつ）といった芸能があり、それぞれ軽業（かるわざ）や物真似（ものまね）、奇術などを演じる芸能でした。これらの芸能は、平安時代から宮中行事や寺社での神事や仏事の余興として行われていたものです。

そのなかで、猿楽は主に滑稽（こっけい）な物真似を演じる芸能という位置づけで、世阿弥の父である観阿弥も猿楽を演じる役者でした。息子の世阿弥も、後にこの観阿弥は本当に優れた演者だったと書いています。たしかに観阿弥は能役者としての実力は非常に優れていたようですが、世阿弥は単なる役者にとどまらず、プロデューサーとして、また作家として卓越した才能を持っていました。そして何より、彼は一座を率いる座長として非常に優れた経営センスを持っていたのです。

『風姿花伝』は秘密の書だった

彼は二〇冊以上の能に関する書物を書き上げ、当時の能楽の世界にイノベーションを起こすと同時に、その理論をつくり上げました。世界の演劇史で最も有名なのは英国のウィリアム・シェークスピアですが、彼が活躍する二〇〇年も前に、現代にも十分通用する演劇論を書き上げていたのですから、これは驚くべきことです。

世阿弥が残した書物で最も有名なのは、彼が四〇歳のころに書いた『風姿花伝』でしょう。後ほど詳しく取り上げますが、この書は単なる能の演技論ではありません。むしろ演技論よりも経営論、ビジネス論として捉えた方が的確な気がします。

古くは「花伝書」とも言われていたこの『風姿花伝』は、世阿弥の時代以降、明治になるまで能楽を修める者と徳川将軍家以外には門外不出だったそうです。明治になって歴史学者の吉田東伍が発見し、前述のように「花伝書」と名づけたと言われます。

また、世阿弥が六〇歳のときに著した『花鏡』も素晴らしいビジネス書です。私が見るところ、体系的な理論書としては『風姿花伝』が優れていますが、これは世阿弥が四〇歳のとき最初に書いたものですから、父の観阿弥から学んだことや受け継いだことが網羅されています。一方、『花鏡』は世阿弥が長年苦労を重ねた自分自身の体験に基づいて書かれたものなので、より実践的な内容になっています。

現場で得られたリアルな知見が満載

「はじめに」にも書いた通り、私は能楽についての芸術論を語ることはできませんが、世阿弥の著作を読んでみて、自分が経験してきたマーケティングの知恵や、身につけたビジネススキルの多くが世阿弥の言葉にちりばめられていることに驚きました。私のビジネスでの体験が見事に整理され、体系化されていたからです。

初めてこの本に触れたとき、私は軽い興奮を覚えました。ビジネス書の古典とされるものから最新の経営理論まで、私は数多くのビジネス書を読んでいましたが、そのなかでも最高傑作であると実感したからです。自らが「能」というビジネスの世界で闘って得た

「知恵」が満載なのです。

本書はこの二つの世阿弥の著作を元にして、そこからあくまでビジネス論としての観点で世阿弥の言葉を解説していきます。世阿弥が著した二つの書から、現代のビジネスにすぐにでも役立つヒントを見い出し、一般的なビジネスパーソンが自分の仕事に結びつけられるよう解説していくつもりです。

幸いにして、彼の著作は六〇〇年前に書かれたものとしては文章が非常にわかりやすい。適度に原典を紹介しながら、優れたビジネスパーソンでもあった世阿弥の知恵を学んでいきましょう。まずは世阿弥が誕生した時代背景からお話をしていきます。

「マーケット意識」が芽生えた背景

二〇二二年のNHK大河ドラマ「鎌倉殿の13人」は、源頼朝が鎌倉幕府をつくった時代を背景としていました。その鎌倉幕府の成立を、〝いい国つくろう鎌倉幕府〟で西暦一一九二年と覚えている人も多いでしょう。しかし、この年は源頼朝が征夷大将軍に任ぜられた年で、最近は一一八五年を鎌倉幕府の成立とする教科書もあります。その年、全国の国ごとに守護を、そして荘園や公領に地頭を置いたことで鎌倉幕府の権力基盤が完成したからです。彼らは主に軍事や警察、徴税といった行政を司っていました。

ところが、頼朝は大和（現在の奈良）だけには守護を置きませんでした。大和の興福寺が徴税権や警察権を持っていたからです。ローマ教皇が支配するカトリックの国バチカンが、今もイタリアのローマ市内にあるようなものですね。つまり、大和は日本のバチカンとでも言うべき「宗教国家」だったわけです。

元は神社仏閣お抱えの芸能団体

一方、奈良時代からお寺と神社には神仏習合という思想があり、実態として運営が一体化されていることが多かったようです。大和においても興福寺と春日大社はいずれも藤原氏の氏寺であり氏神であったことから、実質は一体化されていたと言っていいでしょう。

当時の能楽は、これら神社仏閣で行われる儀式や神事の余興として発展してきた芸能です。大和は宗教国家であると同時に「芸能国家」でもあったわけです。

そんな大和には、猿楽を演ずる座のなかで特に格式の高い四つの座がありました。「円満井（えんまい）」、「外山（とび）」、「坂戸（さかと）」、「結崎（ゆうざき）」という四つの座で、これらが後の能における流派「金（こん）

春」、「宝生」、「金剛」、「観世」につながっていきます。

これらは「大和猿楽四座」と呼ばれ、春日大社に祭られている四つの御神体それぞれに奉仕する猿楽の座となっていました。当時の彼らは、いわば神社仏閣のお抱えの芸能団体であり、身分としては安定していたわけです。

美少年芸人はアイドル

鎌倉時代になって、いわゆる鎌倉新仏教が多くの民衆の信仰を得るようになりました。仏教は貴族だけのものではなくなりましたが、やはり神社仏閣への参詣は貴族にとって人気のイベントだったようです。お詣りの前は斎戒沐浴といって身を清めたり食事を控えたりしますが、終わると華やかな宴会が始まります。いわゆる精進落としですね。肉食、遊女との交わりなどもあったようです。高野山詣でや伊勢参りでも近隣に遊郭があったことが知られていますが、当然、この時代の貴族も同様だったはずです。

そんな宴会の席で貴族たちの接待係を務めるのは美少年の芸能者たちでした。当時、そういった宴席で彼らが歌や踊りを披露するのはごく一般的なことだったのでしょう。当時の「座」は美少年アイドル的な役者を抱える、今で言う芸能プロダクションのような存在だったのかもしれません。

観阿弥は優秀なステージパパ!?

そんな時代に誕生したのが世阿弥です。幼いころの名が鬼夜叉と呼ばれた世阿弥は、絶世の美少年だったと言われています。そのため、宴席においても大変な人気を博していたであろうことは容易に想像できます。ところが、父の観阿弥は息子を単に美少年の役者として売り込むのではなく、もっと周到なマーケティング戦略を立てていました。

当時の貴族と交わるには、単に美貌や肉体の魅力があるだけでなく、高い教養が必要でした。そこで観阿弥は、まず世阿弥に教養を身につけさせることに腐心しました。それも単に教養を身につけさせるだけではなく、相手とのコミュニケーションが必要な芸事、たとえば蹴鞠（けまり）や連歌なども習得させたのです。

当時、一流の文化人として知られていたバサラ大名の佐々木道誉（どうよ）に気に入られ、芸に関する助言を受けていましたし、先の関白だった二条良基（よしもと）からは直接連歌の手ほどきを受けていたようです。二条良基と言えば、連歌を大成した人物として知られていますから、直接の指導を受けるというのは大変なことだったであろうと想像します。観阿弥は、息子のバリューを高めるために貴族のネットワークをおおいに利用したのです。

顧客の変化が飛躍のきっかけ

そんななか、観阿弥は大和から京の都への進出を図ります。当時の大和は大きな宗教的権威を誇っていたことはたしかですが、経済的にも政治的にも中心となるのは京都です。当然、都に進出しないことには大きな成功は得られないと考えたに違いありません。

そこで観阿弥は京の醍醐寺や新熊野神社で勧進能を開催します。勧進能というのは、いわば有料公演です。もともとは寺社の修繕費などをまかなうための興行だったものが、次第に猿楽師が収益を得るための興行になっていきました。それまで寺社に雇われ、安定した身分だったものが、不安定な人気商売に変化していったということです。

現代に置き換えれば、大きな組織（興福寺、春日大社）で終身雇用、年功序列で安定していたビジネスパーソンが組織を飛び出し、独立するようなものです。この時代には実際に大きな変化が起こり、興行主も寺社から公家や将軍家に移りました。このパラダイムシフトによって、能楽師はマーケットを意識したビジネスをしていかざるを得なくなります。

新熊野神社における興行を、当時の室町三代将軍である足利義満が観にやってきました。これがきっかけとなり、やがて世阿弥は将軍義満の寵愛と庇護を受けるようになります。これが観阿弥・世阿弥親子にとって大きな飛躍のきっかけになったのです。

世阿弥にとって芸術は〝闘い〟だった

芸術家の岡本太郎氏による「芸術は爆発だ」という言葉はよく知られています。岡本太郎氏の作品には、素人が見ても既存の秩序や美意識を打ち破る大胆さを感じます。内なるエネルギーの爆発が芸術家の作品をもたらすというのは非常に納得のいく話です。

その言葉を借用すると、世阿弥の時代において「芸術は闘いだ」ということになります。世の中で、芸術ほど「闘い」とは無縁のものはないと思われがちですが、間違いなくその時代、芸術は闘いだったのです。

お茶も和歌も〝闘い〟だった

室町時代にはさまざまな文化が生まれました。現代でも代表的な日本文化とされる「茶の湯」や「生け花」は室町時代に大きく普及しましたし、和歌の世界でも「連歌」が最盛期を迎えたのは室町時代です。本書で取り上げる「能」や「狂言」も、基礎的な形式は室町時代に世阿弥が確立したことは前述した通りです。

それらの多くには〝競う〟要素が取り込まれていました。たとえばお茶に関して言えば、当時は「茶寄合（ちゃよりあい）」という催しがありました。これは「闘茶会」と呼ばれることもあります。そもそもお茶が中国から入ってきたのは奈良・平安時代ですが、そのころはまだ高級品で一般に飲まれることはありませんでした。鎌倉時代に栄西が中国から持ち帰った茶（さ）礼（れい）（禅宗における飲茶の礼法）を紹介したことで、武士の間で茶の湯が一気に広まります。

当時は京都の北にある栂尾（とがのお）で栽培されているお茶が正統とされていました。これを本茶と呼び、その他の産地のお茶と飲み比べをして産地を当てることで勝敗を決めるという遊びが「茶寄合（闘茶会）」だったのです。

生け花でも「花合わせ」といって、平安時代に花に寄せる歌を詠み合って、その優劣を競う遊びがありましたし、連歌でも詠んだ句を判定する人が批評し、優劣を決めることもありました。文化や芸術というジャンルでも、常に〝闘い〟の要素があったのです。

「能の闘い」はサバイバル

ところが、これらはいわばすべてゲームであり、闘いといってもその場での優劣を決める遊びにすぎませんでした。

これに対して、「能」における闘いは複数の座が競うサバイバルだったのです。もっと言えば、芸術作品としての出来栄えを競うのではなく、一つの芸術としてどれくらい多くの人に支持されるか、生き残りをかけた闘いだったとも言えます。

いくつもの座が同じ能舞台で競い合い、人気の優劣を決めることを「立合（たちあい）」と言います。相撲では、蹲踞（そんきょ）の姿勢から立ち上がって取り組みを始める瞬間のことを「立ち合い」と言いますね。能楽の場合は、同じ舞台で複数のチームが競い合って勝負をするのが「立合」だったのです。前節で能の興行主が寺社から公家や将軍家に移ったと書きましたが、まさに能は人気商売になっていきます。それまで能は寺社で演じられるものだったので、宗教行事と密接に結びついていました。

一方、公家や将軍家が後ろ盾となって興行する場合、彼らが好む文学や和歌の世界に根ざしたものでなければ評価は得られません。どうすれば顧客に好まれ、支持されるのかということを徹底的に考え抜き、工夫したのが世阿弥の能なのです。

『風姿花伝』や『花鏡』は、まさに生きるか死ぬかの闘いから得られた、いわばビジネスの要諦をまとめたものです。だからこそ、これらの書は門外不出となり、一門の人間にしか伝えられてきませんでした。他の流派にその内容やノウハウを知られては困るのです。

よいものではなく「顧客が好むもの」を

日本の製造業の多くは〝低迷している〟と言っていいでしょう。機械も家電製品も、日本製がどこより優れているというのはすでに昔の話です。多くの分野において、日本製品は中国や韓国、そして米国製品にも見劣りするようになってきています。単純に性能だけで見ればそれほど悪くないのかもしれませんが、製品としての魅力で考えると、残念ながら他の国にかなわないものが増えてきているように思えます。

「よいものをつくれば売れる」というのは、まだ人々がものをあまり持っていない時代、しかも人口がどんどん増えていた時代の話です。昨今のように身の回りにものがあふれていると、単に機能や性能がいいだけではなく、それを持つことで心がウキウキするものでないと人々は買ってくれません。つくる側の自己満足では見向きもされないのです。

世阿弥はそこのところをよくわかっていました。だからこそ独りよがりになることを戒める言葉が彼の書にはたくさん登場します。いくら自分でよい芝居を演じたと思っても、人々が面白いと思ってくれなければ勝つことはできません。「強い者が勝つ」のではなく、「勝った者が強い」ということを彼は知り抜いていたのでしょう。

かつての美少年アイドル、世阿弥も年を経ると美しさは失せます。彼の父の観阿弥は、晩年まで〝老木に咲く花〟のような見事な芸を見せたようですが、世阿弥はむしろ年を重ねるとともに演者からプロデュース業に力を入れていくようになります。それは自分自身のやりたいことより、座が生き残るにはどうすればいいかを優先させた結果でしょう。今で言えば、アイドルタレントが優れたプロデューサーに転身するようなものです。彼の生涯を通じた生き残りをかけた闘いから生まれた書だからこそ、現代のビジネス環境で生き抜こうとしている私たちの心に響くのだと思います。

『風姿花伝』に見る現代の経営理論

これまでのビジネスの経験から、世阿弥の言葉に「まさに我が意を得たり」と感じることがたくさんありました。また、ドラッカーやポーターといった世界的に著名な経営学者の書物も読んできましたが、世阿弥の書を読んでみると、そうした本とまったく同じ意味のことが書かれていて驚きを禁じ得ませんでした。なにしろ世阿弥が生きていたのは六〇〇年以上前の室町時代です。芸術家の立場で、なぜここまで経営の神髄に触れることができたのでしょうか。

ドラッカーの顧客志向を先取り

たとえば、〝経営の神様〟と呼ばれているP・F・ドラッカー。名著と言われる『マネジメント』には、「企業の目的は顧客の創造である。したがって企業は二つの、そして二つだけの基本的な機能を持つ。それがマーケティングとイノベーションであり、それだけが成果をもたらす』とあります。詳しくは後述しますが、世阿弥の根本にある理念がマーケティングの重視と絶え間ないイノベーションなのです。

また、同じくドラッカーは、「価値からスタートする、『私たちは何を売りたいのか』ではなく『顧客は何を買いたいか』を問う。『私たちの製品やサービスにできることはこれ』ではなく、『顧客が価値ありとし、必要とし、求めている満足』がこれである」と述べています。

これはまさに世阿弥のマーケット志向そのものであり、彼の著作『風姿花伝』でも次のように表現されています（以下、本書では原文と併せて意訳を掲載します）。

「時によりて、用足るものをば善きものとし、用足らぬを悪しきものとす」

（その時、その場のニーズに応えられるものがよいもので、応えられないものはよくないものである）

『風姿花伝』第七・別紙口伝

マイケル・ポーターにも劣らない競争戦略

また、競争戦略の第一人者と言われるハーバード大学のマイケル・ポーター教授が語る内容も、世阿弥の言葉にしばしば見つけることができます。

「他人と違っていることがその人間の武器になる」とポーター教授は言いますが、世阿弥は『風姿花伝』の「問答条々（もんどうじょうじょう）」で次のように言っています。

「能数（のうかず）を持ちて、敵人（てきじん）の能に変りたる風体を、違（ちが）へてすべし」

（自分が演じることのできる能のレパートリーをたくさん持ち、相手が演じる能とは違った曲調のものを選んで、趣向を変えて演じるべきである）

『風姿花伝』第三・問答条々

同じくポーター教授の「人を喜ばせるという思いは資本主義の神髄である」という言葉は、『風姿花伝』の物学（ものまね）条々で、どうすれば観客を喜ばせることができるかについて語る箇所で見つけられます。他流派と競って負けないために、世阿弥は常に競争戦略を考えることが求められていたのです。

「最高のビジネス書」だと言える三つの理由

このように、世阿弥の思想とその教訓は現代の経営学者に勝るとも劣らぬ輝きを持っています。世阿弥が残した数々の書が最高のビジネス書となり得ている理由として、以下の三つが挙げられます。

一 徹底した**マーケット志向**が貫かれている
二 **イノベーションのヒント**が随所に散りばめられている
三 **体験に基づく教訓**が普遍化されている

このうち、**一**のマーケット志向は世阿弥の一貫した考え方です。

明治大学前学長で名誉教授の土屋恵一郎氏は法学者であると同時に演劇評論家でもあり、能楽についても造詣の深い方ですが、土屋氏はその著書で「世阿弥の姿勢は常に〝関係的〟である」と述べています。

つまり観客との関係、組織との関係、そして自分との関係など、すべての面において自分の内に入り込まず、常にまわりとの関係を考えながら生きていこうとしているのです。ビジネスを進めていくうえでこの「マーケット志向」、すなわち市場と関係的であることは何より重要なことだと推測されます。この思想が一貫していることが、世阿弥の書がビジネス書としても優れている第一の点です。

次に**二**のイノベーションのヒントですが、オーストリアの経済学者でイノベーションの父と呼ばれるヨーゼフ・シュンペーターは、「イノベーションとは技術革新のことではなく新結合、つまりこれまで組み合わせたことがない要素を組み合わせることによって、新たな価値を創造することである」と言います。

具体的な事例は後述しますが、世阿弥が起こした作劇のイノベーションの多くは、まさにこの「新結合」によるものです。常に新しい基軸を打ち出し、マンネリに陥らないようにするために考えられた素晴らしい知恵がそこにあります。

そして最後の理由**三**が、他の人にはない世阿弥の大きな特徴です。学者や研究者として理論を考えたのではなく、自身が日々闘い続けたことで得られた知恵と、そこから生み出された数々の理論を持っている。しかも単に自分の体験を語るのではなく、誰でも理解できるように理論化され、普遍化されて伝えられている点が最も素晴らしいと思っています。これらの特徴は、これから至るところで出てきます。

世阿弥の神髄を知る三つのポイント

さて次章からは、世阿弥の著書が現代の私たちのビジネスにどう役に立てられるかを具体的にお話ししていきますが、大きく分けて三つのポイントがあります。

ポイント一　**世阿弥が教えてくれる「マーケティングの極意」**（第一章）

世阿弥の最も中心的な考え方であるマーケティング志向について、全部で七つの視点から考察します。室町時代に書かれたにもかかわらず、現代でもけっして色あせない言葉の価値と現代のビジネスの関連について述べます。

ポイント二　**世阿弥が教えてくれる「ビジネスのスキル」**（第二章）

主に能役者としての演技論が中心に展開されますが、それらはいずれも単なる演技論ではなく、私たちのビジネスの現場で必ず役に立つスキルの数々です。現代のビジネスにおける事例を交えながらお話しします。

ポイント三　**世阿弥が教えてくれる「バリューの本質」**（第三章）

三つ目はバリュー、すなわち価値です。人間の持つ実力の源泉とその価値に言及します。世阿弥が考えた「価値を失わず、それを維持するための心構えと振る舞い」とは。

これら三つのポイントに加えて、第四章では「苦境に陥ったときにどうするか」という視点で世阿弥の生き方から教訓を得ていきます。

世阿弥の凄いところは、人気絶頂期から晩年に佐渡島へ配流されるまで、実にさまざまな苦しい局面にぶつかり、立ちはだかる問題に向き合い、解決をしてきたことです。私たちの長いビジネスライフにも、逃げ出したくなるほど厳しい場面がときおり訪れます。そんなとき、世阿弥が記してくれた処世術が参考になるかもしれません。

また、世阿弥が体験してきたことのなかには、間違いなく中高年になってから役に立つこと、生きてくることが数多くあります。私自身がすでに七〇歳を超えているため、なおさら自分の経験からもそう感じるのでしょう。

それでは、世阿弥の言葉を巡る旅に出かけることにしましょう。

第一章

世阿弥が教えてくれる「マーケティングの極意」

現代では、マーケティングは企業経営におけるもっとも重要な課題のひとつですが、世阿弥はある意味でマーケティングの天才でした。その才能は天賦のものだとも言えますが、日々の戦いと思考を続けるなかから生まれたものだと考えた方がいいでしょう。

この章では、現代にも通じるマーケティングの七つの極意を紹介します。そこにはイノベーションの本質があります。そして、競争戦略が存在します。さらに、本当の意味での顧客志向とはどういうことなのか、明快に述べられています。

加えて、私たちがビジネスで使用しているマーケティングのツールやプレゼンテーションの技術に至るまで、すぐに参考になるビジネスのヒントが満載です。

〝飽きられないこと〟が何より大事

珍らしきが花

　世阿弥の言葉で、マーケティング志向について最も端的に表れているのが「珍らしきが花」です。そもそも「花」とは何でしょう。一般的に考えられている「花」とは、たとえば「あの役者は花がある」といった具合に、華やかさや魅力という意味で使われます。

　これはもちろんその通りなのですが、これだけではやや抽象的です。世阿弥はこの「花」という言葉を、もう少し具体的に説明しています。

　世阿弥の最初の著作『風姿花伝』の第七、別紙口伝の冒頭には、次のように書かれています。

　そもそも花と云(い)うに、万木千草(ばんぼくせんそう)において、四季に咲くものなれば、その時を得て珍らしき故に、翫(もてあそ)ぶなり。

（花というものは四季折々に咲くものである。季節が変わって咲く花であるからこそ、

人々はそこに新鮮さを感じ、喜ぶのだ）

『風姿花伝』第七・別紙口伝

これは実際の花のことを言っているのでとてもわかりやすい。加えてこうも言います。「（実際の花と同じように）能においても観客が新鮮に感じることが『面白さ』なのである。したがって、『花』『面白さ』『新鮮さ』という三つは同じ意味なのだ」と。つまり「花」とは面白いこと、新鮮であることを意味すると定義しています。

ここで述べられている「新鮮なこと」を世阿弥は「珍らしき」と表現しています。つまり「珍らしきが花」という言葉の意味は、「新鮮なことが面白いことであり、楽しめること（＝花）なのだ」ということです。

同じことをしていては飽きられる

要は、能において最も大切なのは新鮮さや目新しさを維持し続けることなのだと言っているのです。これはたしかにその通りで、いつまでも同じことをしていては飽きられるというのは、能に限らずすべての芸能、さらにはすべてのサービスや製品にも言えます。

もちろん老舗の和菓子屋さんや料理屋さんでは、いつまでも変わらない味を売り物にしているところもありますが、実はそうしたお店でも時代とお客様の要望に合わせて味を微妙に変えていることが多いのです。

現代の能は伝統芸能という位置づけですから、同じ演目を決められた作法で演じるものと思われがちですが、世阿弥のころの能は庶民も楽しむことができる芸能でした。ですから、毎回同じような演目や演技では観る方も飽きてしまいます。そこに何らかの工夫がないと他の座（劇団）にお客は移ってしまうでしょう。だからこそ、常に新しい試みに挑戦し続けなければ生き残れないのです。

いくら自分が得意だからといって、いつまでも同じことをやっていては間違いなく飽きられます。世阿弥は絶え間ないイノベーションを起こすことで、それを克服しました。

現代のビジネスでも同じことが言えます。工夫や進歩がない製品やサービスは、間違いなく売れなくなっていきます。現在の私の仕事は書籍やコラムを書くことですが、つい同じテーマを使い回す誘惑に駆られることがあります。実際に、これまで同じテーマで内容を少し変えて書いたこともありますが、そういうものはあまり読まれません。読者は敏感で、けっしてごまかしたり手抜きしたりはできないとつくづくわかります。

韓流ドラマに登場する韓国の俳優で、ユ・ジェミョンという人がいます。韓国ドラマにおける名脇役として有名で、実に多彩な役柄をこなすことで知られています。「カメレオン俳優」とも言われるほど演じる役の幅が広いのです。日本でも大人気を博した『梨泰院クラス』というドラマでは、主人公の前に立ちはだかり、巨大な権力を振りかざす典型的な悪役でしたが、別の作品では正義を貫く弁護士役でした。

彼のような俳優は大ブレイクすることはなくても、非常に息の長い役者として人気が保たれることでしょう。やはり、飽きられない工夫は大切なのです。

古いものでも新しく見せられる

その一方で、世阿弥は次のようなことも言っています。

「一通りの間(あいだ)久しかるべければ、珍らしかるべし」

(少し時間が経ち、工夫をすれば、再び新鮮なものになる)

『風姿花伝』第七・別紙口伝

たしかに、流行というのは繰り返すものです。昔の流行りだから古くさいと否定するのではなく、うまく取り入れることで新鮮さを出すこともできる。特にファッションの世界では何十年も前に流行った服装が新鮮に感じられることがあり、それは芸能も同じです。

しかしながら、単に昔流行ったものをそのまま持ってくるのではなく、そこに何らかの現代的な解釈や要素を加える必要があります。世阿弥は次のように述べています。

「能においてはすべての演目を習得することが大事である。あらゆる演目を演じられる役者は、すべての演目をひと回りずつ何回演じたとしても、少し時間が経っていれば工夫をすることで、再び新鮮なものになる。そうやってすべての演目を自分のものにした役者は、自分の演目での演出や工夫をしただけでも、百種類もの演じ方が可能になる。したがって、数年に一度くらいの割合で、新鮮味をもたらすような工夫を考えるべきだ」

昔の作品をリバイバルで演じるのではなく、基本を保ちながらも、その時代の人に合った工夫を加えるべきだと言っているのです。時代の変化に合わせて微妙に内容を変えることが必要だと強調しています。

まさにその時代におけるマーケット志向、顧客第一主義と言っていいでしょう。

“珍しいもの”と“突飛なもの”の違い

さらに、世阿弥はこうも言います。

「ただし、様あり。珍らしきと云へばとて、世に無き風体をし出だすにてはあるべからず」

（ただし、注意することがある。いくら珍しいものをと言っても、誰も知らない、世の中にないような格好や演技をするのは禁物だ）

『風姿花伝』第七・別紙口伝

これも勘違いされやすいのですが、「珍しいもの」というのは、奇抜さや突飛さを強調することではないのです。単に奇抜なものは、往々にしてそれを提供する側の自己満足に陥りかねません。そんなものを見せられても、顧客は困惑してしまいます。大事なのは、今まであまり気がつかなかった視点や解釈を織り込んでいくことなのです。

私もこの世阿弥の言葉をおおいに参考にして、コラムを書く際には「誰もが知っているテーマにおける、誰も気がつかなかった視点」を大事にしています。

「珍らしきが花」という極めてシンプルなフレーズに、顧客心理に対する深い洞察が含まれているのが世阿弥の凄いところです。これは現代に至ってもまったく色あせない、マーケティングの極意だと思います。

世阿弥が探り当てたイノベーションの本質

「珍らしきが花」という部分が、世阿弥のマーケティング志向の真骨頂だとお話ししました。では、世阿弥は実際にどうやって珍しさを持続させたのでしょう。作劇術について、彼は一四二三年に『能作書（のうさくしょ）』（三道（さんどう））という書物を残しています。『風姿花伝』の完成が一四一八年ですから、その五年後に書かれたことになります。

本書はあくまでビジネス書ですから、具体的な演技論や作劇術については触れませんが、彼の作劇術にはイノベーションについての数多くのヒントが記されています。

増産体制をどう確立したか

前節で「珍らしきが花」が重要であることを説明しましたが、実際には新作をどんどんつくり続けるのはかなり難しいことです。そこで、世阿弥はあの時代において、まさしく作劇のイノベーションとも言える革新を起こしました。それが次の三つです。

一 複式夢幻能の登場　**二** 文学作品の舞台化　**三** 夢の活用

前章でお話ししたように、能楽はもともと神社仏閣が興行主で宗教色の強かった猿楽が、エンターテインメント性の高い一般大衆に向けの娯楽になっていったものです。常に新しい演目を提供できるようにするために、これら三つのイノベーションが生み出されたのです。これによって作品の増産体制が確立されました。

構成をパターン化して再利用

一つ目のイノベーションである「複式夢幻能」について。世阿弥自身はこれを「二つ切れの能」と表現しています。脚本の構成が、大きく前後二つの部分に分かれているのです。たとえば、前半の部分では旅の僧が登場して場面や状況について説明します。そこへ後半にキーとなる人物が登場し、僧と会話をするところで前半が終了。中入りがあって、後半は前半で出てきた旅の僧が夢を見るという内容になります。

脚本の構成は統一されているため、テーマや登場人物さえ変えれば、この形式の作品をいくらでもつくることができます。

これを現代にたとえるなら、『男はつらいよ　フーテンの寅さん』のようなものです。旅に出て新しいマドンナとの出会いに心ときめかす寅さんですが、最後は恋が成就することかなわず、再び旅に出て行くという構成はどれも同じ。マドンナ役の女優さんと旅をする土地を変えるだけで、合計四八作もつくられたのです。

ハードは変えずにソフトを入れ替える

東京ディズニーリゾートのアトラクションにも、同じような考え方のものがあります。ディズニーシーの「センター・オブ・ジ・アース」は、すべてのアトラクションのなかで最も建設費がかかっていて、その費用は約三八〇億円。かなり安いアトラクションでも一〇億円程度の建設費がかかります。ゲストに飽きられないためには、常に新しいアトラクションが必要になるのです。

ところが、映画『スター・ウォーズ』をモチーフとした、「スター・ツアーズ」(現「スター・ツアーズ：ザ・アドベンチャーズ・コンティニュー」)という体験型アトラクションがあります。観客が体験するストーリーは当初一パターンしかありませんでしたが、現在では異なるストーリーを常に入れ替えることで三八四種類にまで増えており、観客は何度行っても新鮮な体験ができるわけです。このアトラクション自体の建設費は一四〇億円と言われており、これをいくつもつくることはできませんが、四分三〇秒ぐらいのストーリーの制作費はおそらく数百万円以内でしょう。

ハードは変わらなくても、ソフトを変えればいつまでも観客に新鮮さを味わってもらえる。世阿弥が考えた「二つ切れの能」は、まさにこの方式と言えるでしょう。これによって、作品の増産が可能となったのです。

六〇〇年前にもあった「映画化」方式

二つ目のイノベーションは「文学作品の舞台化」です。映画で言えば、ヒットした小説を映画化することがありますが、世阿弥がやったのはまさにこれです。当時の人々に人気があった文学作品、誰でもストーリーを知っている作品を能として舞台化したのです。源氏物語をテーマにした作品には「野宮（ののみや）」や「夕顔」があります。平家物語では「祇王」や「頼政」、そして伊勢物語では有名な「井筒」や「隅田川」といった作品です。

これらの作品はいずれも当時の人々にはよく知られていたので、観る人にはなじみがあって楽しみやすかったでしょう。このように、一般大衆が好むものをアレンジして作品に取り上げることで、人気を得ると同時に作品をつくりやすくするという二つのメリットがありました。これも世阿弥が創造したイノベーションです。

「夢オチ」も一つの手法

「二つ切れの能」のところで、後半部分は主人公の旅の僧が見る夢のなかで物語が展開されると話しました。この「夢の活用」が三つ目のイノベーションです。

現代では、生の舞台より映画やテレビでお芝居を観ることが多くなっています。映画やテレビでは時間や空間を混在させることもできますが、舞台ではそういうわけにはいきません。そこで世阿弥は、その制約を「夢」で解決しようとしました。主人公である旅の僧に夢を見させ、そのなかでストーリーを展開するのです。これなら時間も空間も自由自在。過去と現在、あの世とこの世を行き来したり、場面を一瞬で変えたりもできます。

世阿弥の能では、登場人物に京都の東山の山並みや隅田川の風景を語らせることで、何もない空間である舞台に景色を生み出させます。これは「遠見」といって、観客を仮想空間へ誘い、遠く離れた別の世界を見せるための演出です。観客はそんなところへ行ったことがなくても、想像力によって見せられていることになります。これも「珍らしきもの」を演出するという、世阿弥の優れたイノベーションと言っていいでしょう。

世阿弥が実現した数々のイノベーションは、いずれもそれまであった技術や題材、文学作品を取り入れることで、まったく新しい輝きを見せたというのが大きな特徴です。

イノベーションというのは一般的に「技術革新」と解釈されているようですが、前述したようにイノベーションの本質は「新結合」であり、「技術革新がないとイノベーションを起こせない」というのは、日本人のまったく間違った思い込みなのです。

世阿弥とジョブズの共通点

最も身近な例はｉＰｈｏｎｅでしょう。ｉＰｈｏｎｅが登場したのは今から一六年前の二〇〇七年ですが、日本には同じような機能の製品は三〇年以上も前からあったのです。それが「電子手帳（PDA）」で、ザウルスやクリエなどの製品が当時のビジネスパーソンに拡がりつつありました。スケジュール管理、住所録、辞書機能などを備えた電子手帳は、これからのビジネスパーソンの必需品だと思われていたのです。これに電話とインターネット接続の機能が追加されれば、iPhoneと何ら変わりません。

ところが、電子手帳はいつの間にか消えてしまいました。これなどは典型的な例で、電子手帳はビジネスパーソンにとって便利なツールだという認識しかなく、人々が本当は何を求めているのか、日本企業は理解していなかったのです。

これに対して、アップルのスティーブ・ジョブズは「持ち運べるコンピューターは普通の人々の生活を大きく変える」ということを見抜いており、そうしたコンセプトでiPhoneをつくりました。実際にiPhoneが登場したとき、日本のメーカーや技術者は「あんなものはたいした技術ではない」と言っていたのです。それなら自分でつくればよかったじゃないか、と言いたくなりますが、事実iPhoneには驚くような技術革新があったわけではありません。人々の生活をいかに便利にするかという発想で、既存の技術や機能を組み合わせたのです。

既存の作品や仕組みの組み合わせで人々を楽しませるという姿勢は、世阿弥の考え方そのものと言っていいでしょう。シュンペーターやドラッカーがたどり着いた「新結合」という発想を、世阿弥は今から六〇〇年以上も前に理解していたのです。

〝自己満足〟が変化の妨げとなる

「衆人愛敬をもて、一座建立(こんりゅう)の寿福(じゅふく)とせり」

（多くの人々に愛されてこそ、一座は繁栄し維持される）

『風姿花伝』第五・奥義讃歎云

この一文は、『風姿花伝』の後半、「奥義讃歎云(おうぎさんたんにいわく)」という箇所にあります。

「一般大衆に好まれることこそが、一座を繁栄に導く」ということの言葉こそ、マーケット志向を貫いた世阿弥の神髄と言っていいでしょう。彼はそれを「衆人愛敬(しゅにんあいぎょう)」という言葉で表現しています。続けて彼はこうも言いました。

「あまり高尚な芸に走ったのでは一般大衆からは支持されない。時と場所に応じて、無教養な低レベルの観客をも満足させるような芸でなければならない」

これ、実はかなり大胆な言葉を使っています。もし現代の芸能プロデューサーがこれをツイッターでつぶやいたら、大炎上することは間違いありません（笑）。一般に読まれる書物ではなく、一門の人間にだけ伝える書物だからこそ、こんなことが言えたのでしょう。

しかし、世阿弥の時代は貴族や将軍家といった貴人の前で演じるのが能だったはずです。それにもかかわらず、世阿弥はなぜこのようなことを書いたのでしょうか。

マーケットは常に変化する

まず知っておきたいのは、世阿弥はいつも時代の変化を読んでいたということです。それまでは寺社に専属タレントとして所属し、祭礼などの折に決まった形式の芸を披露していればいい時代でした。言うなれば劇団ごと「興福寺プロダクション」に所属していて、仕事にあぶれることもなく、安定した給料を得ていたわけです。

ところが、時代は変わって勧進元が将軍家に移り、いくつもの劇団と競合するようになるにつれ、安住しているわけにはいきません。それまでの宗教的な演劇から、武家が好むような要素も取り入れなければならなかったでしょう。前節で述べたように、文学作品を舞台化したのも、こうした背景があったからだと考えるべきです。

他の一座と競演する「立合」で勝ち抜くだけでなく、一座の経営を安定させるには、より幅広い観衆に受けるよう芸風を拡げる必要があったのでしょう。だからこそ観客のレベルに合わせて幅広い芸を見せなければいけない。そしてそれが「寿福」、すなわち一座の経済的な繁栄につながるのだという、極めて現実的なことを言っているのです。

落ち目になったときにどうするか

世阿弥はその先のことについても見越していました。どれだけ人気があっても、人々の好みは移ろいやすいもの。いつ何時、人気の絶頂からすべり落ちてしまうかもしれません。そんなとき、仮に中央ではダメでも地方を回ることで一座を維持できる。世阿弥は実際、次のように言っています。

「たとひ天下に許されを得たるほどの為手(シテ)も、力なき因果にて、万一少し廃(すた)るる時分ありとも、田舎(でんじゃ)・遠国(おんごく)の褒美の花失せずは、ふつと道の絶ゆることはあるべからず。道絶えずは、また天下の時に逢ふことあるべし」

（たとえ都で万人に名人と認められる役者でも、時の成り行きで少し人気の落ちる時期がある。それでも田舎や地方での支持を失わなければ、芸の力が衰えることはない。衰えなければ、都の人に再びもてはやされるときが必ずやってくる）

『風姿花伝』第五・奥義讃歎云

どんな場所で、どんな観客を前にして演じるにしても、その観客に合わせた芸を披露すれば、支持を失うことはない。そうやってこそ優れた役者と言えるのだと、世阿弥は強調しています。

芸術家の独りよがり

こういう世阿弥のスタンスを堕落だと考える芸術家もいるでしょう。

「大衆受けするためにレベルを落とすのは観客に対して失礼だ」「仮に誰に好まれなくて

も、自分が磨き上げた芸術を披露してこそ真の芸術家だ」という意見です。そうした考え方にも一理ありますが、私はやはり、それは芸術家の自己満足にすぎないと思います。

世阿弥は芸術家であると同時に一座の経営者でもありました。経済的な効果を考えずに芸術論だけで戦うのでは、独りよがりになってしまいます。それに、「低レベルの観客には手を抜いてもいい」などとはひと言もいっていません。

「よく考えてみると、貴人の前で演じる能、寺院での能から、田舎や地方の神社祭礼に至るまで、どこで演じても称賛を受けることができなければ、いくら上手とか名人とか言われても意味がない。多くの人に受け入れられなければ、その人は幸せな役者とは言えない」という意味のことも言っています。

また、世阿弥は亡父である観阿弥がどんな田舎や辺鄙（へんぴ）な所で演じても、そこでの観客の気持ちを汲んでその土地に合った味わいの芝居をやっていたと書いています。まさに、顧客に合わせてこそ役者も観客も幸せになれるという考え方です。

顧客満足が何より優先される

演歌歌手は一曲の大ヒットがあれば一生食べていけるとよく言われます。でも、それは同じ曲を同じように繰り返し歌えばいいというわけではなく、地方にいるファンを大事にして、ホテルやクラブなど立派な劇場以外でも一生懸命に歌うからです。

私自身、定年退職後に起業し、一〇年間ビジネスをやってきてつくづく思うのは、地方のお客さんはロイヤリティーが高いということ。つまり、一度受け入れてもらえると、その関係が長く続くことが多いのです。だからこそ、私は地方での講演を非常に大事に考えています。これも、実は世阿弥の「衆人愛敬」という考えに触発されたものなのです。

収益は目的ではなく結果

衆人愛敬について言及している「奥義」の最後には、このようなことも書かれています。

「経済的利益を考えてやれとは言っても、それが目的となり打算的になってはいけない。そんなことをすれば芸道は退廃してしまう。芸のレベルを上げた結果として収益は伴うが、儲けることを目的として努力することは確実に芸が退廃することにつながる。そうなれば収益も伴わなくなるに違いない。やはり、芸道に精進することこそが経済的な利益につながる要件だと信じて励むべきである」

これはつまり「コンテンツ重視」の考え方です。ここでのコンテンツとは脚本の内容や演目だけでなく、役者の演技も含めた芸のレベル全体を指しています。結局のところ、ビジネスとして成功するには儲けだけを考えてはいけないし、かといって芸術的レベルが高ければ売れなくてもかまわないとする芸術家の独りよがりでもいけない。収益を上げることと芸のレベルを維持することは、けっして矛盾しないと言っているのです。

こうして考えると、やはり世阿弥は単なる役者ではなく、優れたプロデューサーであり経営者であったことがよくわかります。

ほとんどの人が知らない「秘すれば花」の真意

『風姿花伝』という書物の名前は知らなくても、「初心忘るべからず」とか「秘すれば花」という言葉は知っている、あるいは聞いたことがある人は多いでしょう。

残念ながら、いずれの言葉も世阿弥が言いたかったことと一般的な解釈に大きなずれが生じています。ここでは「秘すれば花」について、その本当の意味を考えていきます。

まず、この「秘すれば花」という言葉は、『風姿花伝』の最終章「別紙口伝」の中盤に出てきます。この「別紙口伝」はこの書の最後のパートなのですが、私はこの部分が最も重要ではないかと考えています。世阿弥の言葉はいずれもビジネスの示唆に富むものですが、この別紙口伝にはそのエッセンスが特に多く出てきます。

別紙口伝では、次のような形で記されています。

「秘すれば花なり。秘せずは花なるべからず」

（秘密にして見せないから花となる［価値がある］のだ。秘密にしておかないと花［価値］はなくなる）

『風姿花伝』第七・別紙口伝

多くの人はこの言葉を「何でもさらけ出して表に出すより、控えめに、慎ましくしている方が美しい」と解釈しています。つまり、そこには日本人の奥ゆかしさが出ていると考えるわけです。さらにはこんな解釈もあります。「全部見せるのではなく『チラ見せ』を

した方が〝見たい〞という意欲を刺激することができる」。隠すことで欲望を刺激できる、というような意味合いです。

しかしながら、これらはいずれも間違った解釈です。「秘すれば花」というのは、日本人の奥ゆかしさや、欲望を刺激する方法を表しているのではなく、勝負を制するための明確な戦略、方法論なのです。

隠しておくこと自体が大事

序章でお話ししたように、能には大和猿楽四座と言われる各派がありました。それらの流派には、それぞれ秘事と称するものがあると世阿弥は言います。なぜ、そんなことをするかというと、勝負にあたっては秘密にしておくことで絶大な効果を発揮するからです。

当時、同じ舞台で複数の座が芸を競い合う「立合」が行われていたことは前述しましたが、その立合の本番で想像もしなかった芸を出すことができれば、観ている側に驚きと強烈な印象を与えることができます。だから必ず秘事を持っていなければならないと言うのです。さらに、その秘芸自体はそれほどたいしたものではなくてもいいと言います。

秘密にしていること自体に価値がある

このように言うと、「秘事なんて言っても、つまらないものだろう」と言う人が必ず出てきます。実際には世阿弥が言うように、たいしたものではないことも多いからです。でも、世阿弥はそう言うであろう人に対して、「いまだ秘事と云ふことの大用をしらぬがゆゑなり」（まだ秘事の持つ絶大な効果をしっかり理解していない）と述べています。

世阿弥が言いたいのは、〝隠しているものの価値が重要だ〟ということではなく、〝隠すこと自体が重要だ〟ということです。したがって、大事なのは「隠していることすら、相手に気づかれてはいけない」というのです。

これは、戦（いくさ）や武道における勝負でも同じです。名将の知略によって、手強い敵に勝つことがあります。この場合、負けた方は相手の意外なやり方に虚を突かれて負けてしまったわけですが、これこそがあらゆる戦いにおいて勝利を得る方程式だというのです。計略というものは、後になってその実情がわかれば何ということもないのですが、知らないうちは相手にとっての脅威となるのです。だからこそ秘事が何であるかを知られてはいけないし、秘事があることも知られてはいけない。

さらに世阿弥は、自分が何か秘密を知っている人物だということすら知られてはいけないと言います。まさに秘密にしていること自体に価値があるわけです。

誰も予想しないからこそ〝サプライズ〟になる

私は長年、証券界で株式市場にかかわる仕事をやってきたので、この「秘すれば花」という感覚はとてもよくわかります。マーケットというものは、それに参加する多くの人の心理で動きます。したがってマーケットにとって想定外のこと、誰もが考えていなかったことに対して大きく反応するのです。

古くは二〇一六年に英国で国民投票が行われEU離脱が決まったとき、多くの人にこの結果は予想外だったため、株式市場は短期的に大きく下落しました。最近では二〇二二年一二月、日銀が唐突にイールドカーブコントロール（YCC）の上限を引き上げたため、想定外だったドル円相場は一挙に一〇円以上も円高方向に振れました。

マーケットというものは、どんなに悪い材料でもよい材料でも、事前に多くの人が予想していることにはそれほど大きく反応しません。俗に言う「織り込みずみ」というやつです。ところが誰も想定していなかったことが起きたときは、人々の想像を大きく超えた激しい動きをすることがあるのです。

したがって、何か効果的に物事を動かしたいと思うことがあるときこそ、「秘すれば花」という考え方を思い出してください。これは株式市場に限らず、すべての経済活動に共通することです。

「衝撃のラストシーン」は下手な宣伝文句

世阿弥は「秘すれば花」を立合に勝つための方策として考えたわけですが、『風姿花伝』には勝負のためだけでなく、より多くの一般大衆から支持を受けるためにも活用すべきだと述べられています。

「観客が最初から『珍しいもの、面白いものが観られるぞ』と思っていると、みんながそれに期待するため、実際に面白いものが出てもその感激は薄れてしまう。したがって、そんな雰囲気はみじんも見せずに演じると、観客は『これが花だ』とは気づかず、『意外に面白いではないか』と感じる。つまり、観客にそれとは気づかれずに珍しさを演じるのが本当に上手な役者だ」と言います。要するに、観客に思いもよらない感動を与えることが大事で、それこそが〝花〟だというのです。

そのために大事なのは、観客の期待値を事前に上げないということです。映画の宣伝でよく「衝撃のラストシーンがあなたを待っている！」などの文句を見かけますが、これはけっしてよいやり方ではありません。こういう言い方で観る方の期待値を上げてしまうと、もし想像した以上のものでなければ、「たいしたことはなかった」とガッカリさせてしまうからです。最後に大きなどんでん返しがある、最後のシーンが衝撃的なのであれば、それを少しでも事前に悟られてはいけないのです。

とはいえ、事前に十分な広報活動をしないと観客動員が難しいという事情もあるでしょう。であれば、事前に十分なリサーチをしてターゲット層の興味に深く入り込める内容にすることが求められます。最近であれば、ＳＮＳやＹｏｕＴｕｂｅで事前の広報活動を行うことも大事でしょう。次節では、そのあたりのことを考えていきます。

世阿弥がYouTubeを使ったら

世阿弥は能の演目に文学作品を多く取り上げたことは前述した通りです。そうした演目の題材には「源氏物語」がよく使われますが、実は世阿弥自身はこれを読んでいないと言われているそうです。

観客が面白いと思うかどうかが最優先

29ページで紹介した明治大学前学長で名誉教授の土屋恵一郎氏は、次のように述べています。

「おもしろいことに、世阿弥は『源氏物語』そのものは読んでいないと言われています。『源氏物語』の本文を一度も引用したことがないからです。今では『源氏物語』を読まなくてもおよその内容がわかるダイジェスト本が出ていますが、当時も『源氏大綱』など似たような本があり、世阿弥もそれは読んでいたようです。もう一つ読んでいたであろう重要な本が、『源氏寄合』と呼ばれる連歌のための辞書です。（中略）つまり、世阿弥やその周辺の能作者は『源氏物語』を取り上げていると言っても、『源氏物語』そのものを能にしているわけではないのです。『源氏物語』について、人々がこういうところが面白いと感じていることや、『源氏物語』について語られたさまざまな言葉の集積からうまく要素を持ってきて、それらを組み合わせて作品をつくっている。『源氏物語』を直接引用するのではなく、連歌といった当時の文学的イベントの中で受け入れられ、濾過されてきたものを受け止めて能をつくっているわけです。これが意味するところは、観客と作者との関係性の存在です」（『100分de名著　世阿弥 風姿花伝』NHK出版）

世阿弥は、源氏物語が面白いと思うから題材にしたわけではなく、源氏物語を面白いと思う人が多いからこそ題材にしたのです。単に自分が好きなものを題材にすると、つくり手の独りよがりになりかねません。そうではなく、どの作品の、どの部分がより多くの人を引きつけるのかということに注目し、それを知るために『源氏寄合』を使ったわけです。ここにも、世阿弥の徹底したマーケット志向を読み取ることができます。

世阿弥はYouTubeを使うか

現在ではたくさんの古典文学の要約本が出ています。さらに、最近ではベストセラー本のエッセンスだけを紹介しているYouTubeチャンネルもあります。そのとき話題になっている本を一五〜三〇分ぐらいで紹介するもので、なかには解説する人の主観が大きく入りすぎているケースもありますが、冷静かつフラットに要約されているものもあります。私も自分の本を何冊かYouTubeの本要約チャンネルで取り上げてもらったことがあり、そのなかには一〇〇万回近く再生されたものもありました。

　私自身もときどきこのチャンネルを観て、話題になっている本が面白そうだと思ったら買うようにしています。そういう使い方をしている人も多いのではないでしょうか。ネット上にはいい加減な情報や間違った情報が多くありますが、「本を紹介する」という目的に絞った動画サイトであれば、よほど出演者の偏った主観が入っていなければ役に立ちます。これは、現代の「源氏大綱」や「源氏寄合」だと考えてもいいでしょう。

　もし世阿弥が現代によみがえってＹｏｕＴｕｂｅを見たら、おそらく喜んでおおいに使ったことでしょう。ＹｏｕＴｕｂｅだけでなく、短い動画投稿のＴｉｋＴｏｋやインスタグラム、フェイスブックのリールも同じだと思います。コンテンツの再生回数や内容も詳細に分析し、工夫次第で拡散力が極めて大きくなるという特性を利用して、間違いなく世阿弥は有力なインフルエンサーになるはずです。

　また、織田信長が今の時代にいたらツイッターを活用しまくっているはずですが（笑）、それと同じぐらい、世阿弥はきっとツイッターも動画もフルに使ったはずです。それはやはり、彼が徹底したマーケット志向を持っているからです。

多くの人が見たいものを見せる

源氏物語のなかで多くの人が好む部分を劇に仕立てるのは、「よいものを見せるのではなく、多くの人が観たいと思っているものを見せる」という考えに基づいています。

別の言い方をすると、これは「時代の空気感」を大切にしたいということなのでしょう。このことは、私自身が経済コラムニストとして今の時代の経済に関する記事を書いているのでよくわかります。街を歩いたりSNSを注意深く見たりすることで、多くの人が関心を持っているものに自分も関心を持ち、そのテーマを取り上げて自分としての意見を記事にすることが大切なのです。

自分の努力を過信してはいけない

私は現役の会社員時代、そのほとんどを営業マンとしてすごしました。相手に商品やサービスを買ってもらうのが仕事だったわけですが、長年営業をやってきてつくづく思うのは、売り込むために労力をかけることより、相手が買いたいものかどうかを探ることの方がずっと大切だということです。商売というのは相手があって成り立つものであり、こちらがいくら「これを売りたい」と無理強いしても、相手に興味がなければ絶対に買ってもらうことはできません。

実際には、「この商品の販売を推進する」という会社の方針が決まると、営業マンには商品やサービス別に販売目標が下りてきます。そもそも商品開発の段階で顧客の求めるものなのかどうかをしっかり調べもせず、こちらが売りたいという理由だけで重点販売商品を決めるのは経営として失格と言わざるをえません。顧客があまり求めてないものを販売しようとすると、どうしても「お願い外交」になってしまうからです。

この「お願い外交」というのは、営業手法としては下の下です。仮に買ってもらえたとしても、単に相手に借りをこしらえるだけになってしまうからです。借りを返さないままでいると、やがて信用を失ってしまうでしょう。ビジネスで大事なのは、やはり相手が望むものを提供すること。これに尽きます。

顧客のニーズに応えることが正義

世阿弥は『風姿花伝』を次の言葉で締めくくっています。

「ただ、時に用ゆるをもて、花と知るべし」

（単純に、そのときに有用なものがいいものである）

『風姿花伝』第七・別紙口伝

これが言いたいことの結論なのかもしれません。「時に用ゆる」というのは「その時点で有用な、役に立つ」という意味で、求めているものやニーズと言い換えてもいいでしょう。大事なのは、その時点における顧客の要求やニーズに応えることだというのです。

本章の「衆人愛敬」の箇所（48ページ）でもお話ししましたが、世阿弥の時代にはそれまでの寺社以外の場所や、地方で演じることもよくありました。観客層も貴人ばかりではなく、一般大衆もいます。それぞれの土地柄や観客の属性で求められるもの、いわゆるウケるものは違っていて当然でしょう。同じ人でも、そのときの精神状況でにぎやかなものを欲するときがあれば、しっとりした芝居を観たいこともあるでしょう。そうした要望に応えるのは、なかなか困難なことです。

ウケるか、ウケないかが重要

この問題についての世阿弥の結論は非常にシンプルで、「ウケるものをやれ」ということです。前述した「時によりて用足るものをば善きものとし、用足らぬを悪しきものとす」（そのとき、その場の顧客の求めに役立つものがよいものであり、役立たないものは悪いものだ）という言葉の前には、次のような文章があります。

「経に云はく、『善悪不二、邪正一如』とあり。本来より、善き・悪しきとは、何をもて定むべきや」

（仏教の経典にも書いてある通り、善と悪は異なるものではない。物事のよしあしなど、どうやって決めるのか）

『風姿花伝』第七・別紙口伝

たしかに世の中に絶対善とか絶対悪というものはなかなかありません。一つの方向から

見ればよいことでも、反対から見れば悪いということはいくらでもあります。したがって、絶対基準で判断してはいけないということです。

そういうことを前提として、世阿弥は「そのときに役立つもの（ウケるもの）がよいもので、役立たないもの（ウケないもの）は悪いものだ」と断じているわけです。

思いが強すぎても成功しない

とはいえ、現実にはなかなか割りきれないことも多くあります。特に問題なのは、いいものをつくろう、いいものを演じようとすればするほど思いが強くなり、独りよがりや自己満足になりがちなことです。私も、それで今まで数えきれないほど失敗してきました。

一生懸命やろうと思えば思うほど、勘違いしてしまう。ですから、六〇歳をすぎて起業してからの私のモットーは「人生テキトー」です。こんなことを言うと、不真面目なやつだと思われるかもしれませんが、これはある意味で当たり前のことなのです。

技術や知識は磨けば磨くほど自分の実力になりますし、間違いなく身につきます。でも、それが人の役に立つか、人のニーズに合っているかどうかはまったくの別問題です。仕事とは誰かの役に立つこと、誰かのニーズに応えることであり、他の人に満足してもらうことをやるからこそお金がもらえるわけです。

自分でどんなに自信があっても、それが人々に受け入れられるかどうかの保証はありません。だったら、あまり肩に力を入れすぎない方がいいのです。世阿弥も言っている通り、人々の好みや思いは移ろいやすいもの。だからこそ、思い込みが強すぎるとダメだったときに立ち直れなくなってしまうのです。

「人生テキトー」とは、世の中は自分の思う通りにはいかないものだと認識しておくということです。そう考えれば、仮にうまくいかなくても「今回の仕儀が相手に合わなかったからだ。気を取り直して次はどうするかを考えよう」という発想になります。最悪なのは、「自分は最高のものをつくったのに、相手がそれを理解できなかった」などと考えてしまうことです。そうなると、新たなビジネスの展開はできなくなります。

おそらく、世阿弥もこのようなビジネスの本質を理解していたのでしょう。世阿弥の発想の根底には、柔軟でしなやかな物事に対する姿勢があるのです。

プレゼンテーションの極意とは

時節感当

「一切の事に序破急あれば、申楽もこれ同じ」

（すべてのことには序破急があり、能も単に舞うだけではなく序破急が必要だ）

『風姿花伝』第三・問答条々

能の世界では「序破急」という言葉がよく使われます。「序」で静かに入り、「破」で高めていき、「急」でクライマックスを迎えるという、構成上の三つの要素を表します。もともとこの言葉は、わが国の雅楽における音楽や舞から生まれた概念ですが、それ以外にも能楽や連歌、蹴鞠、香道、剣術、茶道など、幅広い日本の伝統的芸能で芸道の理論として使われてきました。また『花鏡』では、やはり三つの段階として「一調二機三声」というものがあると説いています。「序破急」は雅楽で用いられていた言葉ですが、この「一調二機三声」は世阿弥が考え出したオリジナルです。

一調とは、笛の音によって心のなかで音程を調えること。次の二機では機会を探りながら目を閉じ、三声で発声をする、という流れです。つまりあわてて発声するのではなく、心のなかにタメをつくって、ゆっくりと進めていくということで、発声に限らず、足の運びや振る舞いなどのすべてに、この「一調二機三声」があると言います。

このなかで重要なのは「機」です。「機」とは機会やタイミングという意味ですが、世阿弥は自分の「機」だけでなく、観客の「機」を捉えて声を出すべきだと言うのです。

一瞬の「間」を捉える

この観客の「機」を捉えて声を出すということを、同じ『花鏡』にある「時節感当」という言葉で詳しく説明しています。能役者が舞台に出て謡い始めるとき、微妙な間や呼吸があります。単に舞台に出て声を出し始めるのではダメなのです。

楽屋から橋掛かり（揚げ幕から本舞台へつながる廊下）へ出た段階で、その日の観客の様子を感じとり、観客たちが「さあ、謡い始めるぞ」と構えるその瞬間を外さずに謡い始めなければならない、と世阿弥は言います。早くても遅くてもダメなのです。観客の心がこちらを向いた瞬間を見計らって声を出すこと。これを「時節感当」と言うのです。

「諸人(しょにん)の心を受けて声を出(い)だす、時節感当なり」
（観客の心がこちらに向いたときを捉えて声を出すこと、つまり時節感当である）
『花鏡』時節当レ感事

このタイミングが少しでもずれると、観客の集中している気持ちがまた散漫になってしまいます。そうなってから謡い出しても、観客の気持ちに合わせることはなかなかできません。観客の「気（機）」を感じとる一瞬こそが、その日で最も大事なのです。

〝空気〟に合わせた臨機応変な対応を

その日の観客の雰囲気や気分を見極めることについて、次のようにも言っています。

「かるがると機を持ちて、破・急へ早く移るやうに能をすべし」

（重苦しい序の部分は最初から飛ばして、いきなり盛り上がる破や急の部分から入っても
いい）

『花鏡』序・破・急之事

「序破急」が大事であることは大前提として、場合によってはそんなものをすっ飛ばしてかまわないと言っているのです。当時の能はちゃんとした舞台の上だけでなく、神社の境内や貴族の酒席で演じることも多かったため、お酒が入っている観客も多くいます。そんなところで「序」から始めようとすると、最初から重苦しくなりシラけるだけ。だから、最初はすっ飛ばして「破」または「急」から入りなさいと言っています。「かるがると機を持ちて」とは、自分の気持ちを軽々と盛り上げて演じるということなのです。

ただし、位の高い人が遅れて来た場合などは、その貴人が席に着いた段階で再び「序」から入った方がいいとも言います。状況に合わせて、融通無碍（ゆうずうむげ）に演じるということです。

この世阿弥の言葉を知ったとき、自分がそれまで何千回とやってきたプレゼンテーションやセミナーを振り返り、あまりに共通点が多いことにとても驚きました。

プレゼンにおける「時節感当」とは

プレゼンテーションで大事なのは、自分たちの強みを主張することでも強く訴えることでもありません。相手が何を一番重視しているのか。たとえば機能なのか、それとも価格なのか、アフターケアなのかを事前の営業で情報を得ておき、それにフォーカスした内容の資料をつくることが最も大事です。

そうした準備を十分に整えたうえでプレゼンの本番に臨むわけですが、ここでまさに「時節感当」が重要になってきます。時間がきたから始めるのではなく、最初は世間話でもかまわないのでクライアントを見渡して呼吸や心の動きを感じ、ここぞというタイミングで話を始めるのです。そういったことを無視して自分の感覚やタイミングで自信満々に話をしても、まるで説得力はありません。

たとえばクライアントが全員揃っていたとしても、相手の一番偉い人がまわりの人に何かを聞いたり、話したりしている場合はプレゼンを始めるべきではありません。また、偉い人が遅れて来る場合は、前述のように順序を変更してもまったくかまいません。最終的に決定権がある人に響かなければ何にもならないからです。

臨機応変に振る舞う

プレゼンテーションでは想定外のこともよく起こります。多くの場合、プレゼンは使う業者を決めるために行うものなので、複数の業者間でコンペが行われます。まさに、世阿弥の時代に複数の座が同じ舞台で競う「立合」のようなものです。

よくあるのが、自分たちの前の会社のプレゼンが大幅に押して、「時間を削ってくださ い」と要請されること。相手にとっては、業者の都合などより自分たちの上司（役員）に余計な時間かけさせないことが重要なのです。当初一時間の予定だったプレゼンを二〇分でやってくれと言われたこともありました。

入念に準備してきたのだからと抗議をしたくもなりますが、こちらは業者ですから文句は言えません。「イヤならお帰りください」と言われるだけです。ですから、そういうこともありうると想定して、仮に半分の時間とか三分の一の時間でやれと言われたときに何を優先して伝えるか、事前に考えておかなければなりません。まさに「かるがると機を持ちて」プレゼンを演じる必要が出てくるのです。

最初の五分で「機」をつかむ

私はセミナー講師として人前に立つ機会もよくあります。この場合はプレゼンよりはるかに多い人数を対象とするため、全体の機をつかむのはさらに難しくなります。セミナーではまず「機」をつかむために、最初の三〜五分で「枕」となる話を振ります。

慣れてくると、最初に演台に立って会場を見渡しただけで、おぼろげながら機をつかむことができるようになるのが面白いところです。そんなとき、世阿弥はまさにこれを言いたかったのだなあとつくづく感じます。また、セミナーでもプレゼンでも、主催者やクライアントから「時間を短くしてくれ」とか、逆に「延ばしてくれ」と言われることがあります。「そんなことはできない」と断る講師もいますが、私に言わせれば、それはプロとして失格です。いつ、どんな状況でも「かるがると機を持ちて演ずる（話す）」ことができなければ、話すことのプロとは言えないでしょう。準備不足と言わざるを得ません。

規模の大小はあるものの、私はこの一〇年ほど、かなりの数の講演をこなしてきました。また、テレビやラジオといった目の前に人がいないメディアで話す経験を重ねれば重ねるほど、プロとしてマーケットに向かう世阿弥の心構えの凄さをあらためて実感します。

第二章

世阿弥が教えてくれる「一生モノのビジネススキル」

この第二章はさらに実践的な内容で、ここでも七つのスキルが示されています。

・ビジネスにおけるスランプはどう乗りきるか
・オリジナリティはどこから生まれてくるのか
・練習の本当の意味と、それを仕事にどう生かすべきか
・ライバルからの学び方
・顧客目線を超える驚きの技術
・なぜ、仕事で全力投球してはいけないのか
・顧客の心に残るプレゼンスキル

六〇〇年前に考えられたとはとても思えないほど、納得のビジネススキルの数々です。

スランプをどう乗りきるか

男時と女時

ビジネスを展開していくうえで、好調なときがずっと続くことはありえません。好調なときの後には不調なときが必ず訪れます。

世阿弥はそこで好調な時期、順調に伸びていく時期を「男時（おどき）」、逆に不調な時期、停滞して物事が進まない時期を「女時（めどき）」と表現しています。今の時代では「差別ではないか」と言われそうですが、これは昔からの「男＝陽」「女＝陰」という陰陽思想に基づくもので、ジェンダー差別の意図はありません。

▼ 勝負は時の運

世阿弥はそもそも、こういう発想をしています。

「また、時分にも恐るべし。去年（こぞ）盛りあらば、今年は花なかるべきことを知るべし。時の間にも、男時・女時とてあるべし。いかにすれども、能にも、よき時あ

れば、必ず悪きこと又あるべし。これ、力なき因果なり。これを心得て、さのみに大事になからん時の申楽には、立合ひ勝負に、それほどに我意執を起こさず、骨をも折らで、勝負に負くるとも心に懸けず……」

（また、時の運も馬鹿にしてはいけない。去年うまくいったのであれば、今年はうまくいかないのが普通だと考えるべきだろう。短い期間においてもうまくいくときといかないときがあるものだ。これは人の力ではどうにもならない。このことを知っておき、あまり重要でない舞台で相手と競うときは、あまり対抗心を起こさず、必死にやらず、負けても気にせずに……）

『風姿花伝』第七・別紙口伝

要するに好不調の波は運も大きく作用するので、人の力だけではどうにもならないということです。これは勝負事もそうですし、ビジネスの場においても同様ですね。昨年うまくいったのであれば、今年は落ち込むかもしれないと腹をくくっておくべきでしょう。このあたりはとても面白いので、原文も交えて解説します。

「勝負の神様」は行ったり来たり

「勝負の物数久しければ、両方へ移り変り移り変りすべし。あるものに云はく、『勝負神とて、勝つ神・負くる神、勝負の座敷を定めて守らせ給ふべし。弓矢の道に、宗と秘する事なり』。敵方の申楽よく出で来たらば、勝神あなたにましますと心得て、まづ恐れをなすべし。これ、時の間の因果の二神にてましませば、両方へ移り変り移り変りて、また我が方の時分になると思はん時に、頼みたる能をすべし」

(能の立合で勝負数が多くて時間が長引くときは、男時はあちらへ行ったりこちらへ来たりを繰り返すものだ。ある書物には「勝負神といって、勝つ神様と負ける神様がおり、勝負事の場ではその成り行きを見守っている」とある。これは兵法においてもっぱら秘密にしていることだ。もし相手の能の出来がよかったら、「今は勝つ神様が敵方にいらっしゃる」と思い、慎んで控えめにしておくべきだ。わずかな時間の間でも勝負の運を支配している神様なのだから、どちらにも行ったり来たりする。だから勝つ神様が自分のところへ来たと思ったときに、自分の自信のある能を思い切り演じればいい）

『風姿花伝』第七・別紙口伝

勝負の神様が相手のところと自分のところを行ったり来たりするというのは、実際に数多くの勝負をやった人間にしかわからないことです。私も業者の一人としてコンペに参加したときは、いくら頑張っても受注できないときもあれば、逆にさほど気分が乗っていない状態でも不思議と勝てたこともありました。やはり勝負の神様がいたのでしょう。

「全部勝とう」はダメな監督

結局、世阿弥は「勝ち負けには時の運があるのだから、全部勝てるわけではない」と言いたいのです。身近な勝負の例としてプロ野球で考えてみましょう。ペナントレースは一年を通じて戦うため、どんなに強いチームにも好不調の波があります。一年の間には、男時と女時が繰り返しやってくるに違いありません。

名監督と言われた野村克也氏や広岡達朗氏は、「捨て試合」をつくるのが上手でした。

「勝率六割で優勝できるのだから、四割は負ける試合がつくれる」と考えるか、どこかの監督のように「すべての試合を勝つぞ！」と考えるのか。これは大きな違いです。

もちろん、全部勝つ気持ちで戦うことも必要ですが、そんなことは不可能。勝てそうにないとき、いかに気持ちを切り替えられるかが大切なのです。すなわち、女時では無理をせず次に備える行動が必要になります。

女時をどうしのぐかがポイント

私は資産運用に関する仕事に長年携わってきたため、投資の世界でも男時・女時の波があることを知っています。極端に言えば、マーケットがいいとき（男時・相場が「陽」の局面にいるとき）は、誰がやってもうまくいきます。ところが下げ相場（女時）では、経験と腕のある人でもなかなかうまくいきません。

個人投資家であれば、「売るべし、買うべし、休むべし」という相場の格言がある通り、下げ相場のときはお金を動かさずにじっとしていればいいのです。

ところが、プロのファンドマネージャーはそういうわけにはいきません。彼らは人のお金を預かり、フィー（手数料）をとって運用をしているのですから、いかにマーケットが悪いときでも、それを耐えてしのがなければならないのです。

マーケットには男時と女時が繰り返し訪れることは、個人投資家の方も知っておくべきでしょう。

「ニーバーの祈り」にも通じる

二〇世紀の前半、アメリカにラインホルド・ニーバーという神学者がいました。政治や社会問題のコメンテーターとして、当時のアメリカの社会に影響を与えた人です。二〇〇八年の大統領選挙のときには、共和党候補のジョン・マケイン氏も民主党候補のバラク・オバマ氏もこのニーバーに影響を受けたと発言しています。

そのニーバー師が第二次世界大戦の直後に発表した、「ニーバーの祈り」という文章の一部を紹介します。

「神よ、変えることのできないものを静穏に受け入れる力を与えてください。変えるべきものを変える勇気を、そして、変えられないものと変えるべきものを区別する賢さを与えてください」

世の中には自分の力では変えられないものがたくさんある一方、変えられるものもあります。変えられないのは「男時と女時がいつ巡ってくるのか」という時の運でしょうし、変えられるものは、それを受け入れて自分なりの振るまいをすることです。

ニーバーは「変えられるものと変えられないものを区別する賢さを与えてください」と言いましたが、世阿弥がもしこれにコメントするなら、

「ニーバーはん、そんなもん神さんに祈ってたらあきまへんで。現場に出なはれ。そないしたら、変えられるもんか変えられへんもんか、すぐにわかりますわ」と言うことでしょう。

行動し、戦いの日々を続けてきた世阿弥だからこそ出てきた言葉の集約が、「男時・女時」なのです。

〝次への準備〟を怠らない

ただ、世阿弥は女時には何もせずじっとしていなさいとは言っていません。別紙口伝で「男時・女時」について語る最後に、不調のときも鍛錬を怠ってはならないと言います。

「かへすがへす、疎かに思ふべからず、信あれば徳あるべし」

（「女時の時にも」くれぐれも鍛錬を疎かにしてはいけない。よい時期が必ず訪れることを信じて努力を続けていれば、必ずよいことがある）

『風姿花伝』第七・別紙口伝

経営学者のドラッカーはその著書で、「成長には準備が必要である。いつ機会が訪れるかは予測できない。準備をしておかなければならない。準備ができていなければ、機会は去り、他所へ行く」と書いています。「チャンスとは準備した者に訪れる」のです。

世阿弥はけっして単なる運命論者ではありません。むしろ超のつく現実主義者でした。予想できないものに抗ったり、焦ったりするのではなく、次の開花期に備えて鍛錬をしておくべきだと言います。この考え方こそ「男時・女時」の本質です。世阿弥が教えてくれるビジネスのスキルのなかで、最も大切なことの一つだと言えるでしょう。

レパートリーとオリジナリティーの大切さ

本章では世阿弥が教えてくれるビジネススキルについてご紹介していきますが、本節で紹介する『風姿花伝』第三・問答条々にはかなり具体的な技術論が書いてあります。「問答条々」は能の技術面についての質問と、それに対する答えで成り立っていますが、三番目に出てくるのが「立合（能の優劣を競う勝負）で勝つには何をすればいいのでしょうか」という問いです。これはまさにど真ん中、直球の問いかけです。これに対して世阿弥は、以下のように答えています。

「能数を持ちて、敵人の能に変りたる風体を違へてすべし」

（自分が演じることのできる能のレパートリーをたくさん持ち、相手が演じる能とは違った曲調のものを選んで、趣向を変えて演じるべきである）

『風姿花伝』第三・問答条々

これは28ページでも紹介した言葉ですが、得意なレパートリーをたくさん持つことが勝負を制する第一の条件だということです。相手はいったいどんな能を見せてくるかわかりません。もし相手が華やかな舞を見せてきたなら、同じように演じても観客に強い印象を与えることはできないでしょう。それなら、逆にしっとり落ち着いた演技で印象を変えれば、相手がある程度上手でもさほどひけをとることはない。こちらの出来がよければ勝機は十分にある、と言うのです。

競争相手とかぶらないようにするのは、かなり重要なことです。複数の業者がクライアントにプレゼンを行う場合、同じ要素で競合すると相手は容易に比較できてしまいます。価格や納期について、こちらが圧倒的に優位だと事前にわかっていればいいのですが、競争相手もそう簡単に手の内を明かしません。同じ要素で勝負した場合、提示した後に勝負は一瞬でついてしまいますが、違う要素で勝負をすれば判定に持ち込むこともできます。だからこそ、場合によって臨機応変に対応するために、世阿弥の言う「能数を持ちて」、つまり顧客へはさまざまな提案のパターンを持っておくことが大事なのです。

経営者が「自分の言葉」で話せるか

世阿弥は自作自演の大切さも強調しています。

「この芸能の作者別なれば、いかなる上手も心のままならず。自作なれば、言葉・振舞、案のうちなり。されば、能をせんほどの者の、和才あらば、申楽を作らんこと、易（やす）かるべし。これ、この道の命なり」

（他人がつくった作品を演じるのであれば、どんなに上手な役者でも思いのままに演じることはできない。しかし自作の能であれば、台詞や動作も自分の思う通りにやれる。能をやるほどの者であれば当然和歌の教養もあるだろうから、自作の能をつくるのはそれほど難しくないだろう。これはとても重要なことだ）

『風姿花伝』第三・問答条々

他の演劇と違って、能には演出家がいません。為手（シテ）（＝主役）である能役者が自分で段取りも間も決めていきます。だとすれば、その能を自分でつくってこそ、訴えるべき箇所も表現したいことも自分で自在に決めることができるのです。これが他人の作であれば、自分の解釈で勝手に変えるのはなかなか難しいことでしょう。

自分でつくって演じないから心に響かないというのは、多くの政治家のスピーチを見ていてもわかります。もっとも政治家の場合、どこから突っ込まれても問題のないよう、あるいは失言することがないよう、慎重を期してスピーチライターが原案をつくっているという事情もあるのでしょう。ただし、二〇二二年に行われた安倍氏の国葬の際に、菅前首相が述べた弔辞は本当に胸を打つものでした。失礼ながら、菅さんはけっしてスピーチが上手いという評価ではありませんでしたが、おそらく菅さんが自分の思いを自分の言葉で書いたからこそ、私たちの心に響いたのだと思います。

企業理念がオリジナリティーの源泉

企業にはミッションステートメント、いわゆる企業理念というものがあります。実は企業理念こそがオリジナリティーの原点なのです。どの企業でもこれをつくったのは創業者であり、私自身も自分の会社を興すにあたって企業理念を考え抜きました。創業者にとって、企業理念はビジネスをしていくうえで命にも等しいものです。これを行動原則として大切に守り抜かなければ事業が成り立たないからです。現代でも、創業者が最高経営責任者をやっている会社では、多くの場合にこの企業理念が生きているはずです。

ところが、創業者から次の代、そしてさらにその次と代を重ねるごとに、企業理念はお題目になってしまいます。挙げ句、社員全員で企業理念を毎朝唱和するというような馬鹿げたことになりがちです。本来の企業理念とは、すべての行動の規範になるものとしてDNAに組み込まれていなければなりません。

言うのは簡単ですが、大企業になって社員の数が増えれば増えるほど、そして創業者から代を経れば経るほどそれが難しいこともわかります。世阿弥はそのことを知り抜いていたからこそ、二〇冊以上の指南書を残し、そこで「多くのレパートリーを持つべし」「自作の能で勝負すべし」などの重要かつ具体的な指示をしたのでしょう。

強くなる練習、ならない練習

『風姿花伝』では序、すなわち最初の部分の締めくくりに次の二つの言葉が出てきます。その位置から考えても、世阿弥としては極めて重要なことという位置づけだったはずです。

一、好色・博奕・大酒、三重戒、これ古人の掟なり
一、稽古は強かれ、諍識はなかれ、となり
(一、好色・ばくち・大酒は身を滅ぼす原因であり、古くから戒められてきた
一、練習をしっかり行い、慢心して頑固になってはいけない)

『風姿花伝』序

このうち、能をやる人間は「好色・博奕・大酒」をしてはいけないというのは当然です。これは別に能楽師でなくても当たり前のことで、非常にわかりやすい。

次の「稽古は強かれ、諍識はなかれ」という言葉が、本節で解説するテーマです。

「稽古」の本当の意味

稽古という言葉は現代でも練習する、トレーニングを続けるという意味でよく使われます。でも、この「稽」という文字には「考える」という意味も含まれます。したがって、稽古とは「古いことを考える」、そこから「先人に学ぶ」という意味もあるのです。

先人の知識や経験を学びつつ練習を繰り返し、技能を高めるのが稽古ということになります。稽古は強かれというのは、「稽古は怠らず、自分に対して強く、厳しく当たれ」という意味です。現代の言葉に置き換えるとすれば、「練習はけっして裏切らない」となるでしょうか。

一方の「諍識」とは何でしょう。「諍」は「いさかい」とか「争う」という意味ですが、諍識は「慢心する」「かたくなな心」という意味になります。したがって、「諍識はなかれ」というのは「慢心してはいけない」「思い込みにとらわれてはいけない」と解釈すればいいでしょう。「慢心してはいけない」というのは別に世阿弥に限らず、多くの人が言っています。しかし、たいていは単なる精神論で終わってしまっていることが多いですが、世阿弥の場合は言葉だけにとどめず、具体的な例を挙げてそれを説明しています。

下手な人の上手な部分を見つける

上手な人が下手な人のお手本となるのは当然です。ところが、世阿弥は「下手は上手の手本なり」すなわち、下手な人も上手な人にとってのお手本になる、と言っているのです。最初にこの言葉を読んだとき、「あんな下手なことをやってはいけない」と、反面教師にしなさいという意味なのかと思いました。しかし、世阿弥の意図は少し違います。

「一切の事に、得手々々とて、生得得たる所あるものなり。位は勝りたれども、これは叶はぬことあり」

（世の中のありとあらゆることには、それをやる人が生まれつき身につけている才能や特技があるものだ。総合的な実力では勝っていたとしても、下手な人が得意とする芸に上手な人がおよばないことだってある）

『風姿花伝』第三・問答条々

体操競技で例えるなら、個人総合ではかなわなくても、種目別なら勝てる種目もあるということでしょう。これは、たしかにどんなスポーツでも芸でも、ビジネスでも同じです。だから部分的にでも優れた技術やノウハウを身につけている人がいたら、全体としてはたとえ自分より下手な人でも、その人のやっていることを虚心坦懐に学ぶべきなのです。それが世阿弥の言う、「下手は上手の手本」ということです。

なぜ上手は下手から学べないのか

　ところが、実際はなかなかそういうことはできません。これについても、世阿弥はかなり辛辣なことを言っています。

「どんなに下手な役者でも、どこか優れた点があるのなら、自分の方が上手だと思ってもそれを真似るべきであり、それが自分の芸を上達させる最良の手段だ。下手が持っている得意な芸を上手な人が学ばないのは、ある程度の段階までしかやっていない〝上手〟な人の場合だ。能の技術面の鍛錬と精神的な訓練がすっかりできている〝上手〟な人であれば、どんな種類の芸でも、たとえそれが下手な人間がやっているものでも、それを学ばないはずがない。結局、学ばないというのは、能の技術面の鍛錬と精神的な訓練を完全に果たした〝上手〟な人が一人もいないということだろう」

　かなり手厳しい発言ですね。〝上手〟な人はいるけど、彼らはみんな中途半端で本当に上手ではない、と言うのです。本当に上手な人がいない理由についても、世阿弥は明快に述べています。その結論をひと言でいえば、「慢心にある」と言います。

　長所を認めた相手が自分より明らかに格下である場合、「自分より下手な役者の真似などできるか」という気持ちにこだわってしまい（諍識）、自分の欠点を自覚することもないだろうと述べています。そんな強情さが、能に対する創意工夫を極めようとしない姿勢そのものなのだ、と言うのです。だから「諍識はなかれ」、つまり慢心してかたくなになってはいけない、と言っているのです。どんな名人でも、いつまでも優れたところを貪欲に取り入れようとする頭の柔軟さが必要なのです。

下手な人がいつまでも下手な理由

また、世阿弥は下手な人に対しても辛辣なことを述べています。

「もし下手な人が上手な人の欠点を見つけたとしたら、『あんなに上手な人ですら欠点があるのだから、未熟な自分はさぞ悪いことが多いのだろう』と考えるべきだ。『自分ならあんな下手には演じない。あれなら自分の方がましだ』などと思ってはいけない」

「そんな人は、きっと自分の優れた点についても正しく自覚していないだろう。そうであれば、自分の悪いところも正確には理解していないに違いない。そんな考え方をしているから、下手な人はいつまで経っても下手なのだ」とバッサリ斬り捨てています。

先ほど、「下手は上手の手本」というのは反面教師のことかと思ったと書きましたが、世阿弥はそれについても少し触れています。

「(下手な人は)反面教師になるという面もあるが、むしろ相手が上手であれ下手であれ、よいところを見つけて素直に学ぶ効果が絶大である」と言っています。世阿弥は「能には果てあるべからず」(能には終わるところがない)と言っています。

上手であれ下手であれ、それはどこまで行っても道の途中にすぎない。だからこそ、「稽古は強かれ、諍識はなかれ」という言葉が生きてくるのだと思います。

ライバルからも学べるか

世阿弥はその思考法において、かなり柔軟だったと思われます。本節のテーマである「ライバルから学ぶ」ということについても、通常はライバルの存在は自分を成長させる要素だと考えます。よき競争相手がいるからこそ、それに負けじと向上しようとする気持ちが生まれるからです。

ところが、世阿弥の考えは少し違っています。彼は単に競争相手を励みにしろと言っているのではなく、真似をしろ、よいところをもっと取り入れろ、と言っているのです。

近江猿楽という競合の存在

世阿弥の時代、競合する座は前述した「大和猿楽四座」以外にもいろいろあり、近江の国（現在の滋賀県）で活動する近江猿楽の一派も大きなライバルでした。近江猿楽とは、日吉神社の神事に奉仕した猿楽の諸座のことです。近江猿楽については次のように語られています。

「およそ、この道、和州・江州において風体変れり。江州には、幽玄の境を取り立てて、物まねを次にして、懸りを本とす。和州には、まず物まねを取り立てて、物数を尽して、しかも幽玄の風体ならんとなり」

（能の芸風について言えば、大和と近江では傾向が異なる。近江では美しさや華やかさを重点的にして、物まねは後回しにして、風情の美しさを基本としている。これに対して大和はまず物真似を重点的に取り上げ、さまざまな物真似を尽くすと同時に優美な芸も併せ持つようにするやり方である）

大和猿楽では物真似を得意ジャンルとしていたのに対して、近江猿楽は曲舞（くせまい）のように優美な風情を中心としていました。そんな近江猿楽でも際立った存在が「犬王」です。

ライバルの「犬王」を高く評価

犬王をモデルにした古川日出男氏の小説に、『平家物語　犬王の巻』（河出文庫）というものがあります。二〇二二年五月、湯浅政明監督がこの小説を映像化し、長編ミュージカルアニメ「犬王」として公開されました。

当時、犬王は世阿弥の最強のライバルだったと言っていいでしょう。彼の舞は実に優美かつ趣があり、天女の舞を得意としていたそうです。

犬王の生年は不詳ですが、世阿弥よりは年上で、世阿弥の父である観阿弥よりは年下だったようです。犬王は観阿弥を猿楽の先駆者として尊敬していたようですし、世阿弥もまた犬王をライバルとして高く評価していたようです。世阿弥の著書『申楽談儀』には、犬王は非常にレベルの高い芸のみで輝き続けた存在だったと記されています。

世阿弥と同様、犬王も三代将軍義満の寵愛を受けていましたが、その存在はおそらく世阿弥以上だったのではないかと言われています。したがって世阿弥にとって犬王は気になって仕方がない存在であったはずです。ところが、前述のように世阿弥は犬王を非常に高く評価しています。

一つの芸風にとらわれない

世阿弥は犬王を高く評価するだけでなく、その芸を取り入れようとします。その背景については次のように述べています。

「されば、ただ人毎（ごと）に、あるいは諍識（じょうしき）、あるいは得ぬゆゑに、一向きの風体ばかりを得て、十体（じってい）に渉（わた）るところを知らで、他（よそ）の風体を嫌ふなり。これは、嫌ふにはあらず。ただ叶はぬ諍識なり」

（能役者は誰もがかたくなになってしまい、あるいは心得がないためにただ一つの種類の芸風ばかり習得し、あらゆる芸風を学ぶことをせず、よその座の芸風を毛嫌いしている。

でもこれは「嫌っている」のではなく、単に意味のない強がりにすぎない）

『風姿花伝』第五・奥義讃歎云

他の素晴らしい芸を学ぼうとしないのは狭量なことであり、つまらない意地を張っているにすぎないと断じているのです。続けて世阿弥はこう言います。

「されば、叶はぬゆゑに一体（いってい）得たるほどの名望（めいぼう）を、一旦は得たれども、久しき花なければ、天下（てんが）に許されず。堪能（かんのう）にて天下の許されを得んほどの者は、いづれの風体をするとも面白かるべし」

（したがって、一種類の芸を体得したことによって、一度はある程度の評価を得ることができたかもしれないが、ずっと続く面白さ［花］がないので、名人として天下には認められないのだ。多くの人から称賛を得る名役者であれば、どんな系統の芸を演じたとしても、そのどれもが面白いはずだ）

『風姿花伝』第五・奥義讃歎云

自分にない芸は素直に真似る

世阿弥は、芸風や演技の型はそれぞれ異なり特色があるものの、面白い点はどこの流派の能にも存在していると言います。

農村の民族芸能から発展した田楽能は、猿楽能とはまったく異質のものです。観客から見ても全然違うので、比べられるものではないとみんな思っているかもしれません。ところがそうでもないのです。世阿弥よりひと昔前に一世を風靡した田楽の役者に、一忠という人がいます。この一忠は田楽能の名手でしたが、物真似の数々をすべて演じ尽くしたと言います。なかでも大和猿楽の得意分野である鬼の物真似や、激しく怒り狂う演技が得意だったようで、できない芸は何一つなかったそうです。

観阿弥はこの一忠のことを「自分の能の模範である」と言っていたそうですから、ここでも違う芸風でもよいものは取り入れるべきだという考え方を見てとれます。

私も現役時代、他社が手がけたコンサルティングの提案資料が手に入ることがありました。そんなときは隅から隅までその内容を眺めて分析し、自分の資料にはない視点やわかりやすい表現があれば、素直にその真似をしました。

プレゼンテーションの目的は、自分がつくったものの方が優れているというプライドを満たすことではなく、「勝負に勝つこと」ですから、使えるものは何でも使いました。

「風体・形木は面々各々なれども、面白き所はいづれにも渉るべし。この『面白し』と見るは、花なるべし。これ、和州・江州、または田楽の能にも漏れぬ所なり。されば漏れぬ所を持ちたる為手ならでは、天下の許されを得んこと、あるべからず」

（芸風や演技の形はそれぞれに特色があるけれど、面白いという点はいずれの流派にも共通している。観客が面白いと思うところこそが「花」なのである。これは大和猿楽、近江猿楽そして田楽など、どの能にも必ず面白いところがある。その面白いところをすべて取り入れることができる役者でなければ、天下の名優とは認められないだろう）

『風姿花伝』第五・奥義讃歎云

ライバルに学ぶことの結論は、この言葉にあると言っていいでしょう。

自分で自分を演出するための視点

舞声為根

世阿弥はその著書で、かなり具体的な演技論にも言及しています。特に彼の中期、一番脂が乗りきったころに書かれた『花鏡』には、現代でも十分に通用するような考え方と具体論が至るところに出てきます。

そのなかで、私のように講演を本業とする人間にとって本当に素晴らしいことが書いてあるのが、『花鏡』の「舞声為根(ぶしょういこん)」という項です。その三番目の節にある「目前心後(もくぜんしんご)」と「離見の見(りけんのけん)」には、講師などの人前で話す仕事をする人、プレゼンを行う営業パーソンにとって必須の心構えと学びがあります。

役にのめり込んではいけない

一般に、役者はその役になりきらなければならないと言われます。自分が演ずる人間の性格と同一化するということです。その役になりきるために、見た目や体型までも変えようとする人もいます。演技派の俳優だった故三國連太郎さんは、三十代で老け役を演じるために、歯を一〇本抜いて入れ歯にしたと言います。最近では、俳優の鈴木亮平さんは役柄に合わせて体重を三〇キログラムも増減させると言います。すさまじい役者魂だと言っていいでしょう。

ところが、世阿弥は自分が演ずる役にのめり込んではいけないと言います。もちろん、映画やドラマで演ずるのと能のような演劇とはまったく違いますから、三國さんや鈴木さんのような役づくりはけっして否定されるものではありません。

世阿弥が言うのは、演じている自分を見つめているもう一人の自分を持て、ということなのです。そして、それが「目前心後」と「離見の見」なのです。

“心の目”で自分を見る

世阿弥は『花鏡』の「舞声為根」で、「目前心後」という言葉について、「また、舞に『目前心後』と云ふことあり。『目を前に見て、心を後ろに置け』となり」と表現しています。

「目を前に見て心を後ろに置く」とは、いったいどういうことでしょう。自分の背中を自分で見ることはできないので、ややもすれば無防備になってしまいます。

私も自分ではシャキッとしているつもりでも、後ろから見るとやや猫背気味で、どことなくしょぼくれた雰囲気になっている、とよく妻から指摘されます。自分では見えないからこそ、気をつけなければならないのです。

ましてや、舞台に立つ人間はあらゆる角度から見られているわけですから、余計に自分の後ろ姿に気をつけなければなりません。舞をするうえで、これはとても重要なことです。

「後姿を覚えねば、姿の俗(しょく)なる所をわきまへず」

(自分の後ろ姿を感じとれないと、野暮ったい格好になっていても気がつかない)

『花鏡』舞声為根

でも、どうやっても物理的に目を後ろに置くことはできません。そこで世阿弥は「左右前後を分明に案見せよ」、すなわち前後左右をくまなく〝心の目〟で見られるようにしなさい、ということを言っています。これはある程度、訓練を積めばできるかもしれません。

たとえばサッカーのノールックパスやラグビーでのオフロードパスなどは、成功したときは本当に後ろに目がついているのではないかと思うくらい見事なものです。これも練習に練習を重ねたからこそできることだと思います。

観客の後ろから全体を俯瞰する

この「目前心後」に加えて、世阿弥は「離見の見」が大事だということも言います。この「離見の見」とは、いったい何でしょう。

舞台の上から観客を眺める目線を「我見（がけん）」と言います。つまり自分の目線です。反対に観客から舞台を見る目線が「離見」。これは観客の目線です。大事なのは観客から見た自分の姿、客観化した自分をもう一人の自分が見つめること。これが「離見の見」と言われるものです。舞台の上で演じている自分、その自分を客席から見る観客、そしてさらにその観客の後ろから自分を見つめるまなざしが「離見の見」になります。

この考え方は、世阿弥が常に意識している「マーケット志向」につながるものです。我見、つまり自分の感覚で演じることを戒め、あくまで観客から見てどのように映るのかを意識して舞うべきなのです。これも「目前心後」と同様、いや場合によってはそれ以上に難しいことかもしれません。

「目前心後」という感覚は、私も感じることがあります。今まで四千回を超える講演をこなしてきたなかで、ごくまれに本当に自分が覚醒して、あたかも自分の斜め後ろから自分を眺めつつ話しているように感じたことがあるのです。これは相当な経験を積んだからこそできたのでしょうが、まだ私にも「離見の見」を体得することは及びもつきません。

Zoomは本当の自分を見せてくれる

どうすれば、観客の後ろにもう一人の自分を置く「離見の見」を常にできるようになるでしょうか。コロナ禍でやむを得ず実施せざるを得なくなったオンラインセミナーでは、Zoomというアプリを使います。そこで、視聴者に共有して見せるパワーポイントの資料をバーチャル背景とし、そのなかに自分が入り込んで説明できるようになりました。形こそ違え、舞台でしゃべっている自分を観客の側から眺めることが物理的に可能になりました。世阿弥が言った「離見の見」が、現代のテクノロジーで実現したのです。

実際にやってみるとわかりますが、自分が話している顔を見ながら自分が話すのは本当に面白い半面、反省すべきところがいくらでも出てきます。話す間合いも観客に同化している自分がするので、実に的確に判断できるのです。

講師のなかには、「あれは観客が見えないからやりづらい」とオンラインセミナーを嫌う人もいますが、それは間違いなく下手な人です。自分の話にうなずいてくれる客がいないと上手く話せないと言っているようなものだからです。うなずいている人が本当に自分の話を理解してくれているかというと、必ずしもそうではありません。オンラインセミナーの場合、私はむしろ参加者の顔を見ない方がずっと集中できます。

私自身、オンラインセミナーを始めてから話す技術は格段に進歩していると、多くの方に言っていただきました。以前から世阿弥を読んでいて、「離見の見」について何となくわかったような気持ちになっていましたが、Ｚｏｏｍをやってみて、本当にその重要性が正しく理解できた気がします。

現代に世阿弥が生きていたとしたら、ＹｏｕＴｕｂｅに加えてＺｏｏｍも嬉々として使いながら「オンライン能」をやったに違いありません。

ビジネスに必要な演出家としての視点

結局、「目前心後」や「離見の見」とは、演者でありつつ演出家としての目を持つということなのだと解釈できます。前述したように、能には演出家がいないため、演者自身が演出を考える必要がある。だからこそ、この二つの視点はとても重要なのです。

ビジネスの現場でも、中間管理職の多くはプレイングマネージャーであることが多いはずです。すなわち「演者（＝プレイヤー）」であると同時に、「演出家（＝マネージャー）」としての目線や感覚を持っていなければならないのです。

自分の後ろ姿を見るとは、自分たちのチームがやっている動きを俯瞰することです。冒頭でお話ししたように、マネージャーの立場からするとプレーヤーと同じようにのめり込んではいけないのです。日々のビジネスでも自分たちの組織と行動を、オンラインセミナーを眺めるかのように客観視する姿勢が重要になります。

全力投球してはいけない

動十分心、動七分身

三八年間におよぶ会社員時代、私は常に「全力投球をしない」ということを仕事のモットーにしてきました。しかし、この考え方はなかなか理解されませんでした。物事をあまり考えていなさそうな上司には、全力で取り組んでいない、もしくはサボっているかのように見えたのでしょう。

しかし私は、通常は八〇％の力で仕事をすることこそがプロとしての務めだと考えてきました。ビジネスというものは常に不確実であり、想定外のことが普通に起こるからです。想定外の出来事が起こることも想定しておかなければなりません。

だとすれば、日ごろから常に一〇〇％の力で走っていたのでは、想定外の事態に対応できない可能性があります。いつもは八〇％の巡航速度で走っているからこそ、いざというときに瞬発力を発揮して一二〇％、一五〇％の力を出せるわけです。

『花鏡』に「動十分心、動七分身」という言葉があることを知り、まさに「我が意を得たり」と感じました。

「心を十分に動かして身を七分に動かせ」

（心は十分に動かすも、身体の動きは七分にとどめておきなさい）

『花鏡』動十分心、動七分身

動きを少なくした方が逆に伝わる

能の演技について言えば、師匠に教えてもらったことはその通りにすべきだが、それが会得できたら、少し余裕を持って控えめに動いた方がいい、と世阿弥は言います。もちろん、手を抜きなさいということではありません。前節の「目前心後」の箇所で、「左右前後を分明に案見せよ」という言葉が出てきたように、頭のなか、気持ちのうえでは自分のまわりすべてに細心の注意を払うべきだと言っています。

身体に関する実際の動きは心を十分動かすほどには動かさず、わずかでも控えめにすべきだということです。これは舞や演技の場合に限らず、舞台における普通の立ち居振る舞いでも、身体の動きを少し控えるだけで面白い風情を見せられると言います。

私たちが普段目にする映画やドラマでも、悲しみや怒りを表情豊かに強く出すより、感情を押し殺した演技の方が観る方にはかえって強い気持ちが伝わります。

世阿弥がここで言っているのはあくまで演技の技法ですが、私はおおいに共鳴するし、ビジネスで参考になる部分は多くあると思っています。

余裕は〝期待感〟につながる

「秘すれば花」のところでも話しましたが、能の舞台では観客が「次に何かあるのでは」と感じている方が戦略的にもよい効果を生みます。ところが、エネルギー全開で舞台を縦横無尽に動き続けていていたのでは、観る側はついていていくだけで精いっぱい、芸を味わう余裕がありません。一時は面白くても、次はどうなるだろうという期待感がなければ、やがて飽きられてしまいます。

また映画やドラマとは違い、舞台演劇の場合は簡単な大道具や風景を描いた書き割り程度の舞台装置があるだけ。観ている側が想像力を働かせるのが演劇であり、すべてを演じる「説明的な芝居」では想像する余地がありません。

これはビジネスにおいても同じです。常に全力で、一生懸命やっている姿が好印象を与えることはたしかでしょうが、その人の限界を感じることもまた事実です。「あの人は余裕がありそうだ」と思えればこそ、「次は何を提案してくれるのだろう」という期待感が生まれます。実際に余裕があるかないかは別として、そういう気持ちを抱かせてくれる人の方が楽しくつき合えるものです。

息継ぎもできないようにたたみかけるプレゼンより、相手に考えてもらう〝間〟を提供するプレゼンの方が受けがいいのと同じです。

「聞く姿勢」に徹した先輩の卓見

私自身にも、行動を少し控えめにしていい結果が出たという経験があります。証券会社に入社して二年目のこと、とにかく顧客のところに熱心に通い詰めるというスタイルで営業をしていました。なかにはその熱意にほだされて取引をしてくれた人もいましたが、多くの場合は相手にしてもらえませんでした。それにもかかわらず、「営業で大事なのは熱意だ」とばかりに明けても暮れても足繁く営業攻勢をかけていたのです。

なかでも、どうしても取引をしてもらいたかったある企業へは毎週二回通い、社長に資料を届けると同時に、忙しいなかでも時間をもらって一生懸命、投資信託を売り込んでいました。自分の息子と同じぐらいの年齢の私が行くと、話を聞いてはくれるものの、そこから先が進みません。悩んだ挙げ句、意を決してトップセールスの先輩社員に同行をお願いしました。先輩は快く引き受けてくれましたが、客先に着く直前、私にこう言ったのです。

「いいか、今日はオレが全部お客さんの相手をするから、お前はひと言もしゃべらず、横でじっと聞いているんだぞ、わかったな」

客先を訪れ、言われた通りに先輩が話すのを聞いていました。訪問の口実は上司からのご挨拶ということでしたが、普段の私の対応とはまったく違って世間話が中心で、それも社長の話を聞く時間の方が長かったのです。いつになったら商品の話をするのかとやきもきしていましたが、結局そのことにはひと言も触れず、最後に「今日はお時間をいただき、ありがとうございました。先日来、大江がお話ししていた〇〇（投資信託）についてもご検討いただければと思います」と言って客先を出てきたのです。

目の当たりにした「動十分心、動七分身」

客先からの帰り道、先輩にこう言われました。

「お前、今まであの社長に〇〇（投資信託）がどんなにいい商品かを一生懸命に説明してたんだろ。それじゃあ単に熱心なだけで、押し売りと一緒だよ。お客さんとの会話というのは、まず相手にしゃべらせて、それを聞いてあげないと。要するに、買ってもらいたい気持ちを全開にして話すんじゃなく、お客さんの前では常に一歩引いて、余力を持って対応する。そうすれば相手の気持ちも見えてくるから。今日はずっとお客さんと話したけど、お前にはけっして否定的な印象を持っていなかったから、きっと注文が入ってくるぞ」

結果、その二日後に社長から連絡があり、私が勧めていた投資信託を買ってくれたのです。この体験を通じて、常に全力でセールスするだけではダメなのだとつくづく悟りました。思い起こしてみると、先輩はいろいろ考えを巡らせながら相手の意向を探ろうとしていました。こちらからあまりしゃべることはせず、様子を慎重にうかがいながら対応していたわけです。まさに世阿弥の言う「動十分心、動七分身」そのものだったのですね。

相手の想像を最大限に活用する技術

先聞後見

「百聞は一見にしかず」という言葉があります。いくら説明してもなかなかイメージがわかない、わかりづらいものが、一度見せただけでとてもクリアに理解できるという意味で、私たちの日常生活でも至るところで使われている言葉です。

この言葉から容易に想像できるのは、聴覚が想像力をかき立てる一方で、視覚は確認の効果が大きいということです。想像だけでは今ひとつピンとこないものが、目で確認できれば腑に落ちるのは誰しも同じです。

ところが、この「百聞は一見にしかず」を逆に生かして効果を生み出そうとしている言葉が、『花鏡』に出てくる「先聞後見（せんもんごけん）」です。

先に聞かせて後で見せる

「先聞後見」は、「最初に言葉を聞かせ、その後に見せるようにしなさい」という意味です。たとえば、ある能に泣くシーンが出てくるとします。そのとき、いきなり泣く仕草をするのではなく、事前に謡曲のなかで悲しい状況であることを言葉で示し、その後で泣く演技をする。その方が観客に訴える力が強いと世阿弥は言っているのです。

ではなぜ、仕草を先に見せて、言葉を後にしてはいけないのでしょう。もし言葉が後になると、「泣く」という表現全体が〝泣く〟という言葉で完結してしまい、観る側にとっては余韻が残らなくなるのです。最初に「泣く」という言葉を聞いているからこそ、その言葉から観客にイマジネーションが生まれ、その後の泣く仕草が素直に受け入れられます。同じ表現でも、順序を変えることでより高い効果を出すことができるのです。

余韻を残す俳句の世界

これは俳句においても使われる手法です。たとえば、松尾芭蕉に「閑さや岩にしみ入る蟬の声」という有名な句があります。これは芭蕉が山形の立石寺で詠んだ句ですが、山を登ったところから眺めた広大な地形を見たことで、蟬の声は聞こえるけれど、自分の心中では静寂な空間に引き込まれていくという気持ちを表したものだと言われています。

ポイントは、最初に「閑さや」を持ってきていることです。この句の意味をそのまま文章にすれば、「蟬の声が聞こえてくるけど、自分は静かに感じている」ということになるでしょう。これでは「静か」という言葉が「蟬の声」の後にきているので、それで話は終わりです。芭蕉が表現したかったのは蟬の鳴く声がにぎやかだということではなく、そんななかで感じる静寂だったはずです。この句を読んだ人にも、その静寂を余韻として感じてほしかったのではないでしょうか。最初に「閑さや」という感覚の言葉を持ってきて、しかるのちに情景を見せるという手法を使って効果を高めています。

飽きられないプレゼン

では、ビジネスの場ではどんな活用法があるでしょうか。

この「先聞後見」は、プレゼンテーションの場でおおいに活用できます。最近のプレゼンでは、パワーポイントで作成したスライドを見せながら説明するやり方が主流です。言葉だけで説明するより実際の数字や写真を見せた方がイメージしやすいからで、この方法はとてもよいやり方だと思います。

ただし、ややもすれば画面に頼りがちになることには気をつけなければなりません。たとえば、画面の文字に沿って説明をして、画面転換では淡々と「では、次の画面をご覧ください」としか言わない。このようなやり方をするプレゼンターが多いのですが、これではけっして聞き手の興味をかき立てられません。プレゼンを受けている側の気持ちを自然に誘導するには「ストーリー展開」が必要です。具体的な例で言うと、次の画面に移動する前に次のような予告コメントを入れるのです。

「ではここで、なぜそうなるのか、理由をお話ししましょう。それは……」

「そのために必要な条件は三つあります。まず一つ目……」

「調査した結果、理由がようやくわかりました。その理由とは、これだったんです！」

このような予告コメントをつなぎに入れれば、見ている側は「早く次の画面を見たい」

という気になりますよね。

結論を先に伝えるのは基本中の基本

プレゼンテーションに限らず、社内会議での提案や上司への業務報告といった「人に何かを伝える」あらゆる業務について、先に結論を言葉で伝える方法は有効です。

「この問題につきましては、結論から申し上げると○○ということになります。なぜかというと……」といった具合に結論を言った後にそれを立証するような図やデータを実際に見てもらって説明するやり方です。これはもはや基本と言える考え方かもしれませんが、これができていない人は意外に多いのです。

最初にずらずらと理由を述べられてももどかしいだけで、延々と言い訳を聞かされているようなものです。だからこそ最初に結論を言い（相手に「先聞」させて）、その理由を説明していく（「後見」させる）ことが求められます。

世阿弥の「先聞後見」の考え方は、プレゼンだけでなく人とのコミュニケーション全般に役立つ知恵だと言うことができます。ちょっとした会話にこんな工夫を取り入れるだけで、「話上手」「会話上手」と評価されるに違いありません。

第三章

世阿弥が教えてくれる「バリューの本質」

ビジネスとは、社会のさまざまな問題や課題を解決することで収益をあげていくものです。さらに言えば、他にはない、他ではできない手段を提供することが大切で、それがその企業のバリュー（価値）であり、人々はそれに対してお金を払ってくれます。

バリューの本質とは一体何か？　世阿弥の書いた〝本質的な価値に関する考察〟は現代でもまったく色あせないどころか、多くの新たな気づきを提供してくれます。私たちが普段の仕事で当たり前のように感じているものの、その本質を誤解している事柄も出てきます。一方で、あまり意識していない本質的な価値について気づかせてくれる項目もあります。この章ではそうしたバリューについて、大切なポイントを七つのテーマで示していきます。

時分の花と真の花

実力と勘違いされやすい「若さゆえの勢い」

『風姿花伝』の最初の章は「年来稽古条々」と題されています。ここでは、能の稽古を始める七歳のころから五〇歳をすぎる老年期に至るまで、その時々で鍛錬すべきことや注意すべきことが書かれています。ここには、人を育てるうえでの心得、年をとって体力や技術が衰えてきたときの対処法など、私たちのビジネスにも役立てられることが満載です。

この章でしっかり心にとどめておくべきは、何といっても「時分の花」と「真の花」という考え方でしょう。ここでは、この言葉から導かれる〝本当の価値〟や〝本当の実力〟について解説していきます。

「時分の花」の賞味期限

能の稽古は七歳から始めるべしと言いつつ、まだ幼い幼少期にはあまり厳しく指導することは禁物だとも言っています。まだ物事の是非や道理を理解できないうちに厳しく稽古をつけると、そもそも能に対する興味が薄れてしまうからです。そうなると、そこで成長が止まるため、この時期は楽しく好きなようにやらせるべきだと言います。

やがて一二、三歳くらいになると、元服前の少年の愛らしい姿になるので、何をやっても幽玄になると言います。「幽玄」というと渋い、くすんだ美しさと勘違いする人も多いですが、実際は少年の愛らしさや婦人の優雅さを表す言葉です。実際に世阿弥が足利義満に見初められたのもこのころで、この時期の少年の美しさこそが幽玄なのです。

このころの風情というのは、何をやっても〝花〟がある。ところが世阿弥は、この〝花〟は「時分の花」だと言います。「時分の花」とは、いったいどういうことでしょう。「時分」とは時期やころ合い、好機といった意味です。つまり一二、三歳のころは何をやってもかわいらしいし、愛らしい。その若さやかわいさゆえの花なのだ、というのです。

これは現代に置き換えてもすぐにわかりますね。たとえばアイドルタレントは少々歌が下手でも演技がまずくても、その存在だけで愛らしい、かわいいことから〝花〟がありま す。でも、それは本当の花（実力やその人自身のバリュー）というわけではありません。あくまで年齢という要素によって発揮される魅力なのです。

二四、五歳で訪れるもう一つのピーク

「年来稽古条々」では、二四、五歳の青年期のころにも「時分の花」があると言います。能の世界で成功するには「声」と「姿」という二つの条件があり、それが定まるのがこの二四、五歳なので、いわば最盛期です。この年ごろの役者の芸はひときわ引き立って見えるため、「凄い役者が現れた」と観客も注目します。現代の芸能界で言うなら、若手の新人俳優があれよあれよという間に人気を博していくのと同じです。

さらに世阿弥は興味深いことを言っています。

「もと名人などなれども、当座の花に珍らしくして、立合勝負（たちあいしょうぶ）にも一旦勝つ時は、人も思ひあげ、主（ぬし）も上手と思ひ染（し）むるなり。これ、かへすがへす主のため仇（あた）なり」

（演技を競う能の舞台で、相手が名人［ベテラン］でも若さの魅力がその場では観客に新鮮さを感じさせることがあるため、一度は勝つことがある。そうなってしまうと、まわりは実力以上に評価しがちだし、［その若手も］自分は上手なのだと思い込んでしまう。これはけっして本人のためにはならない）

つまり、一二、三歳のころの可憐な芸も、二四、五歳のころのフレッシュな芸のいずれも年齢が生み出すものであり、本当の実力ではありません。その年齢が生み出す魅力が「時分の花」であり、本当の実力が「真の花」と言われるものなのです。

年齢を重ねて残る「真の花」

では「時分の花」ではない「真の花」は、いったいどうすれば身につけられるのでしょうか。いつまでも鍛錬を続け、工夫を重ねていけば、年齢にかかわらずけっして花は消えないと世阿弥は言っています。事実、彼は父の観阿弥が亡くなる直前に演じた能が非常に強く印象に残っているようで、そのことを「年来稽古条々」の最後で書いています。

観阿弥は一三八四年五月一九日に五二歳で亡くなりますが、その直前の五月四日に駿河の国（現在の静岡市）の浅間（せんげん）神社に能を奉納しています。

「父はそのころには年老いて、もはや多くの種類を演じることはできなかった。だが最後の能は格別に華やかで観客は身分の上から下まで一様に絶賛した。これはそれまでの稽古において真に体得した『花』であったがゆえのことである。その能自体は枝葉の少ない老木であっても、あたかもその木に花が咲き残るように、観阿弥の芸は老木になっても花は散らずに残っていたのである。私はそれを実際に目の当たりにした。まさに老骨に残っていた花そのものである」

いささか感情が強く入った表現になっていますが、その年齢でも残った花こそが真の花だと言いたかったのです。

「真の花」を感じる現代の役者

現代の役者さんを見ていても、「時分の花」と「真の花」を感じることがあります。私は現在七一歳ですが、同年代の役者さんには三浦友和さん、風吹ジュンさん、そして夏木マリさんなどがいます。いずれも若いころはフレッシュな魅力を振りまいていた人たちですが、多くの人は「今の方がずっといい」と言います。たしかに、グラビアアイドル時代の風吹ジュンさんより今の〝旅館の女将〟のような役柄を演じる彼女の方がずっと魅力的ですし、NHKの朝ドラ「おかえりモネ」に出ていたおばあちゃん役の夏木マリさんも素敵でした。また、三浦友和さんも今の渋いおじさん役の方がカッコいいとさえ感じます。

逆に、若いころはとても魅力的だったのに、今は見る影もない人もいます。おそらく、若いころの「時分の花」を「真の花」だと勘違いしてしまったのでしょう。

本当の実力が身についているか

世阿弥は「年来稽古条々」の二四、五歳の青年期について説明した箇所で、非常に印象的な言葉を述べています。

「時分の花を真(まこと)の花と知る心が、真実(しんじち)の花になほ遠ざかる心なり」

（一時的な魅力を自分の実力と思い込んで勘違いする心が、本当の実力をつける機会をいっそう遠ざけてしまう）

『風姿花伝』第一・年来稽古条々

これは現代のビジネスパーソンにもよくある話です。ある程度の経験を積んで二十代後半から三十代前半になると、仕事にも慣れて大きな仕事を任されるようになる。取引先か

らも新鮮味や意外性で注目されることがあり、これが自分の実力だと勘違いするケースです。この時点では本当の実力などは未知数であり、どこかの時点で壁に突き当たることもあるでしょう。だからこそ、この時点ではまだ謙虚に自分の技術を磨き、能力を高めていかなければならないのです。

そこで出てくるのが、次項で説明する「初心忘るべからず」という言葉です。私たちの日常でもよく使われるこの言葉について、詳しく考えていきましょう。

〝初心忘るべからず〟の本当の意味

「初心忘るべからず」という世阿弥の言葉は、誰もが一度は耳にしたことがあるでしょう。

「しかれば、当流に、万能一徳(まんのういっとく)の一句あり。
初心不ㇾ可ㇾ忘(しょしんわするべからず)」

（ところで、私たちの芸にはあらゆる戒めをひとまとめにした金言ともいうべき一句があ

る。それは「初心忘るべからず」である）

『花鏡』奥段

ところが、この言葉ほど間違って解釈されているものはないと思います。多くの人はこれを「物事を始めたころのフレッシュな気持ちをいつまでも忘れてはいけない」という意味に解釈しているようです。まったくの間違いというわけではありませんが、実は世阿弥の言う「初心不レ可レ忘」には、もう少し広くて深い意味があります。

▼初心には三つの種類がある

世阿弥は、ひとくちに「初心」と言っても三つの初心があると言います。

「この句、三箇条の口伝あり。
是非初心不レ可レ忘
時々初心不レ可レ忘
老後初心不レ可レ忘」

『花鏡』奥段

このように、「老後の初心」と言っているくらいですから、人生において初心は何度もあるということです。世阿弥が言う初心は、「壁」と解釈してもいいのではないかと考えます。

「是非の初心」の「是非」は、評価や判断をする基準となる心構えという意味です。前節で時分の花について話しましたが、二四、五歳ころになってひと通り芸も習得し、落ち着いた演技ができるようになると、まわりもほめそやすことで「自分は名人ではないか」と思いがちです。でも、その時点で「真の花」になったと自分で勝手に評価し、判断すると、そこで成長が止まってしまう。これこそが芸の上達を阻む「壁」となるわけです。

三つの初心は『花鏡』の「奥段（おくのだん）」に出てきますが、世阿弥は『風姿花伝』の「年来稽古条々」でも次のように言っています。

「この頃の花こそ初心と申す頃なるを、極めたるやうに主（ぬし）の思ひて、はや、申楽に側（そば）みたる輪説（りんぜつ）をし、至りたる風体をすること、あさましきことなり」

（この若い二四、五歳のころこそ「初心」の段階にすぎないのに、もう奥義を究めたかのように本人がうぬぼれて能楽の正しい道から外れた言動をし、自分勝手に演じるのは実にあきれ果てたことだ）

『風姿花伝』第一・年来稽古条々

つまり習い始めた七歳ぐらいのころが初心なのではなく、二四、五歳こそが「初心」だと言っています。このころになるとようやく実力を評価できる段階になるからで、その評価や判断をする心構えが最初に経験する「初心」というわけです。けっして慢心せず、冷静に自分の芸を評価しなさいということです。

絶頂期とも言える「時々の初心」

二つ目の「時々の初心」は、年齢で言うと三四、五歳のころに訪れます。世阿弥はこのころ（三十代半ば）が絶頂期で、そのころまでに頂点に立てなければ、それから以降は下り坂になると言います。ここが次の「壁」になるのです。

どんな世界でもそうですが、トップに上り詰められるのはほんのひと握りで、残りの大多数はその前に下り坂に入ります。だからこそ、この時期の「初心」も大変重要なのです。詳しくは次章でお話ししますが、ビジネスパーソンも会社での先行きが見えてくる時期が必ず訪れます。それが現代ビジネスパーソンにとっての「時々の初心」なのです。この段階で、自分の役割や来し方、行く末をじっくり考える必要があります。

「老後の初心」で年齢に応じた芸を

三つ目が「老後の初心」です。老後にも初心があることに驚かれるかもしれませんが、世阿弥は間違いなく、五〇歳以降にも初心は訪れると言っています。年齢を重ねるにつれ身体は動かなくなってきて、若いころのようなダイナミックな動きはできなくなります。声もきれいには出ず、かすれたようになることも多いです。そうなったらいったいどうすればいいのか？『花鏡』の「奥段」には次のように書かれています。

「その時分々々（じぶんじぶん）の一体々々（いっていいってい）を習ひ渉（わた）りて、また、老後の風体に似合ふことを習ふは、老後の初心なり」

（それぞれの時期に応じた演じ方を一つひとつ習得し、老後になってからはその年齢にふさわしい芸を学んで究めるのが老後の初心である）

『花鏡』奥段

結構大変なことを言っています。年をとればさまざまな能力は衰えるものの、だからといって引退するのではなく、それにふさわしい芸を見せなさいと言うのです。

これは日本の芸能が持つ大きな特徴です。たとえば歌舞伎の女形役者である五代目板東玉三郎さんは七〇歳を超えていますが、若い女性を演じてもまったく不自然さを感じさせません。私は文楽の義太夫で人間国宝だった故竹本住大夫さんの最後の舞台を観に行きました。そのとき九〇歳ですから、たしかに若いころより声は衰えていたのでしょうが、まったくそんなことを感じさせない凄みがありました。玉三郎さんも住大夫さんも、老後の初心を乗り越えた方々なのだとつくづく感じます。

老後にして考えるべき初心ですから、定年退職なんてない、生涯現役で頑張ろうということです。最近よく言われる「人生百年時代」においては、世阿弥の考え方こそ、その教科書になると言っていいのではないでしょうか。

▼「ライフシフト」にも通じる考え方

「人生百年時代」という言葉は、リンダ・グラットン氏のベストセラー『LIFE　SHIFT――100年時代の人生戦略』がきっかけで話題になりました。この本には、「お金を用意しておかないと老後が大変」などということが書かれているわけではありません。これまでの就職や引退という概念が大きく変わり、年齢に関係なく何度も人生のシフトチェンジが必要になると言うのです。これは、世阿弥の言う「初心」そのものです。

ちなみに私は六〇歳まで一つの会社に勤めていましたが、定年を機に大きくシフトチェンジしました。世阿弥風に言えば「六〇歳の初心」です。それまでに経験してきたことをそこからの仕事生活にどう生かすかを考え抜いた末、定年後に起業しました。言うまでもなく『風姿花伝』や『花鏡』はそれまでに何度も読んでいたので、まさしく老後の初心という覚悟で航海に乗り出したわけです。

人生では、いくつになっても新しいスタートを切ることができる。自分の命には限りがありますが、やりたいという意欲があれば何歳になっても行動を妨げるものはないので

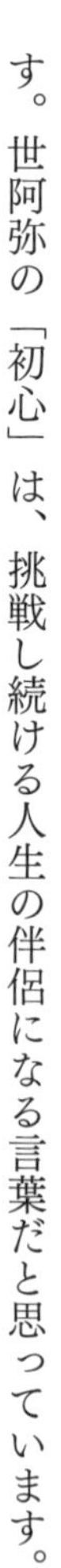

す。世阿弥の「初心」は、挑戦し続ける人生の伴侶になる言葉だと思っています。

経験しただけでは価値にならない

年々去来の花を忘るべからず

『風姿花伝』では、しばしば「十体」という言葉が出てきます。「じったい」とも「じってい」とも読むようですが、この言葉はいったいどういう意味なのでしょう。広辞苑で調べると「㈠漢字の十種類の書体、㈡秀歌の十種の体」となっています。

世阿弥はしばしば、能を修めるものは和歌にも精通すべしと言っているので、これはどうやら和歌における十体からの連想によって表現した言葉だろうと思います。具体的には、「能を演じるうえでは、あらゆる役柄や芸風について、ほぼすべてできるようにしておきなさい」という意味です。

レパートリーは多い方がいい

世阿弥は十体を身につけることの大切さついて、以下のように述べています。

「十体を身につけた為手（＝あらゆる芸風をマスターした役者）は、自分にできる演目を順々に演じることを何度でも繰り返すことができる。なぜなら、演目数が多いため、それらがひと回りする期間が長くなるので、観客には常に珍しく感じられるからだ」

序章と第二章で、「能数を持ちて、敵人の能に変りたる風体を違へてすべし」、すなわちたくさんレパートリーを持つべきだという教えが出てきましたが、それを具体的に表現したのが「十体」なのです。世阿弥は続けてこのように言います。

「あらゆる演目や芸風をマスターした役者は、それらの演目に工夫をすることで百種類以上ものバリエーションを持つことができる。同じ演目でも、三年か五年に一度くらい演出を変えれば珍しさを保つことができる。（中略）このように大きくて戦略的なやり方だけではなく、細かい点にも気を配れば、いつまでも花が消えることはない」

専門性は必要か

これを現在のビジネスの日常で考えてみると、基本的には同じ商品やサービスを提供するにしても、ほんの少し色や風合いをアレンジすることで地域に合わせるといった工夫も必要ということになるでしょう。

ビジネスパーソンのスキルで言えば、何でもこなせるオールラウンドプレーヤーを目指せということになるでしょうか。いろいろな部署を経験し、異なるタイプの上司に仕えることで、能力の幅は広がります。

しかし、オールラウンドプレーヤーのスキルは、最近よく言われる「ジョブ型」の働き方によって得られるスキルとは対極に位置します。専門性を売りにするのではなく、メンバーシップ型雇用で、ジョブローテーションによっていろいろな業務をこなせるようにすることだからです。この場合、会社を離れると〝専門性がなくて何もできない人〟ということになりかねませんし、そもそも会社のなかでも〝便利屋〟として使われがちです。

ところが、世阿弥はそんな私たちにもヒントを与えてくれます。

経験の蓄積が「花」になる

『風姿花伝』の「七・別紙口伝」では、こんなことを言っています。

「十体を知らんよりは、年々去来の花を忘るべからず」

（十体を知ること以上に大事なのは、『年々去来の花』を失ってはならないということだ）

『風姿花伝』第七・別紙口伝

ここで新しい言葉が出てきましたね。「年々去来の花」とは、いったいどういうことでしょうか。これについても、世阿弥はかなり具体的に説明しています。

「まだ小さかったころの姿態や初心である青年期に培った技術、三十代半ばの最盛期、脂が乗りきった時期の振る舞い、そして年をとってからの芸風など、その時々で身につけたものが、今の自分の芸にすべて積み重なって備わっている」

要するに、自分の体験とその時点で身につけた芸風を、いつまでも自分のなかに記憶しておくことが大切だというのです。いろいろな役柄をやり、いろいろな人の物真似をして会得するのが「十体」であるのに対して、自分のオリジナリティーを失うことなく、経験や年齢に応じて演じてきた感覚を持ち続けることが「年々去来の花」なのです。

それを持ち続けることで、年齢にかかわらずあるときは少年や若者が演ずるように見え、あるときは最盛期の役者のように見え、またあるときは品がよく、年季が入った役者のように見える。とても同一の役者とは思えないような芸を演じることができると言うのです。

つまり、子どもから老人に至るまでの生涯の芸を、すべて自分のなかに備えて持っているということです。

下手だったころの自分を忘れない

しかしながら、これはかなり難しいことです。年齢に応じて芸が身につく一方、年をとるとそれまでの芸は自分の身から離れていきます。それが「年々去来（年とともに去るものがあれば、来るものもある）」ということなのです。それを一度に持つことができれば、まさに「年々去来の花」となります。

ただし、自分でそう言っておきながら、世阿弥は「過去にも、現在にもそんな役者は見たことも聞いたこともない」と言います（父である観阿弥だけはその力を持っていたとも書いているので、世阿弥の父に対する尊敬の念は相当なものだったとわかります）。

また、世阿弥は経験を重ねて能役者としての地位が上がるにつれて、昔演じた芸を忘れてしまうのは非常にもったいないと言います。

「過ぎし風体をし捨てし捨て忘るること、ひたすら花の種を失ふなるべし」

（昔の演技を忘れ去ってしまうのは、ただただ〝花の種〟を失ってしまうのと同じだ）
『風姿花伝』第七・別紙口伝

だからこそ若いころの芸、初心を忘れてはいけないというのですが、これは自分が下手だったころの芸も忘れてはいけない、ということなのです。

同じ失敗をしない

役者ではない普通のビジネスパーソンにとって、この「年々去来の花」が示すインプリケーション（含意）は、「失敗の経験を忘れない」ということです。前節で「初心忘るべからず」の初心にはいくつもの意味があると話しましたが、そのうちの一つが「自分が未熟だったときのことを忘れない」です。

ビジネスの現場では常に顧客と向き合い、取引相手と交渉します。未熟であったがゆえにうまくいかなかった失敗の経験はたくさんあるはずです。そんな過去の失敗にこだわらず前向きに取り組む姿勢も必要ではありますが、同じような場面で同じ失敗をすることは許されません。そこで、過去の失敗はけっして忘れることなく分析し、それと同時にそのときの恥ずかしさや悔しさを覚えておくことが大事です。

それによって、いわゆる〝動物的な勘〟が働いて失敗を未然に防ぐことにもつながるかです。失敗を自分の血肉にできるかどうかが、その後の仕事人生に大きく影響します。

学ぶとは真似ることである

『風姿花伝』の第二・物学（ものまね）条々では、能を学ぶうえで大切な〝物真似〟について書いています。もっともこれは能に限らず、すべての演劇は役を演ずるわけですから、その人物を真似ていると言ってもいいわけです。面白いと思うのは、物学と書いて「物真似」の意味で使っていることです。

「学ぶ」という言葉は「真似ぶ」から生じたと言われます。この真偽は定かではありませんが、どんな分野でも勉強するとはそもそも誰かの真似をすることから始まるのです。

この「物学条々」において、世阿弥は次のように言っています。

「およそ、何事をも、残さずよく似せんが本意なり。しかれども、また事により て濃き・淡(うす)きを知るべし」

(真似る対象がどんな種類であれ、漏らさず十分に似せる必要はあるが、一方では何の真似をするかによっては、その似せる具合に濃淡をつけることも必要だ)

『風姿花伝』第二・物学条々

どうやら、このあたりに世阿弥の言いたいこと、そして顧客本位という視点から見た技術論の一端があるようです。

老人を老人っぽく演じない

「物学条々」では、「女」「老人」「直面(ひためん)」(面をつけない舞、多くは武士を演じる)「物狂」「法師」「修羅」「神」「鬼」「唐事」(唐人の物真似)という九つの役柄について、その特徴や演じる際の注意がかなり細かく述べられています。たとえば「老人」を演じるときの心得として、以下のような記述があります。

「老人を演じるにあたっては、年寄りだからといって腰を曲げ、膝をかがめ、身を縮めたのでは何の魅力もなくなり、面白くもない」

これはなかなか面白い記述で、リアリティと現実は異なるということです。

私は大学時代に演劇をやっていたのですが、そのときにこんな話を聞いたことがあります。昔、中国の市場で鶏の鳴き声を物真似する大道芸人がいました。多くの人がその巧みさに感嘆の声をあげたのですが、観衆に「オレの方がもっと上手く鶏の真似ができる」という男がいました。その男は懐に本物の鶏を隠し入れ、誰にも見えないように鶏を小突いて鳴かせます。さぞかし観衆をうならせたのかと思いきや、ほとんどの人は「なんだ、ちっとも似てないじゃないか」と言ったという話です。

本物の鶏はまさに「現実」ですが、リアリティーというのは〝本物らしさ〟であり、必ずしも本物と同一ということではありません。人々のイメージにある鶏の鳴き声のように鳴いて見せるのが「リアリティー」なのです。

つまり、単に本当の老人のような演技をするのではなく、観客には老人と感じさせつつ、同時に「花」もなければいけないという、かなり高度な技術が必要になります。

高齢者マーケティングの極意

そんな難しい芸を、世阿弥は「似せぬ位」という言葉で表現しています。物真似の奥義を究めて真似る対象になりきってしまえば、似せようと思う心がなくなっても自然に似ているということです。いったいどうすればそんなふうにできるのか、そして、老人を演じながらも「花」を感じさせるにはどうすればいいのか、かなり具体的に述べています。

能は伴奏する音楽の拍子に合わせて足を運んだり、手を動かしたりします。ところが年齢を重ねてくると、その音楽に対する反応がほんの少し遅れ気味になる。これが年寄りの物真似をするときの最大の秘訣だ、と世阿弥は言います。この反応が少し遅れるという部分だけを心にとどめ、注意してやれば、他の演技は思い切って華やかにしてもかまわない。老人だからと言って地味に振る舞わなくてもいい、これが老人を演じながら「花」を感じさせるコツだ、と言うのです。

その理由についても述べられています。

「年寄りは何でも若々しくしたくなるものだが、いかんせん身体の動きは鈍くて気持ちについてこない。そういう老人の心理をしっかり理解し、表現するのが本当の物真似だ」

世阿弥が老人の真似をするとき、若い人間の感覚で演じたのでは間違えてしまうと考えたのでしょう。老人の心理から推測して、どのように演じれば観客から老人らしく見られるのか、そしてどうすれば老人であるにもかかわらず華やかさが失われないようにできるかを考え抜いたのだと思います。

また、年寄りだからジジ臭い洋服が好みだと思うのは禁物で、むしろ若い人に負けじと若々しい格好をしたがる人もかなり多くいます。これはいつの時代も変わりません。

高齢者に商品やサービスを提供するときは、いかにも高齢者向けというものはけっしてウケない。現在のような少子高齢化社会では、もはやマーケティングの基本です。サービスや商品を提供する側の思い込みやイメージで考えてはいけないのです。

世阿弥が「物学条々」や「別紙口伝」で書いたことは演技論ではありますが、その根底に流れているのは顧客志向のマーケティング論そのものです。だからこそ、私たちがいま世阿弥を読んでも十分に理解し、真似ることができるのでしょう。

後継者をつくることの難しさ

『風姿花伝』の最終章「別紙口伝」は、次のように締めくくられています。

「この別紙の口伝、当芸において、家の大事、一代一人の相伝なり。たとへ一子たりと云ふとも、不器量の者には伝ふべからず。『家、家にあらず。継ぐをもて家とす。人、人にあらず。知るをもて人とす』と云へり」

（この別紙に書き綴った内容は、能楽に携わる私たち観世家にとっては極めて重大なことばかりであり、一代の間に一人にしか授けられない秘伝の教えである。たとえ自分の子どもでも、能力や才能のない者にこの秘伝を授けてはならない。「家はただ存続しているだけでは宗家とは言えない。能力を持った者が継承してこそ、宗家と言えるのだ。その家に生まれた人間だからといって、それだけではその家の人間ではない。その家に受け継がれている伝統や技能を身につけてこそ、その家の人間だ」と言えるのだ）

『風姿花伝』第七・別紙口伝

それまでは主に能の演技論、そしてそれに絡めた経営論がほとんどでしたが、この最後

の部分は少し異質です。最後のまとめとして、自分たちの流派を存続させていくために必要なことが凝縮されているからです。

才能がない子に継がせてはならない

ここで、世阿弥はかなり厳しいことを言っています。たとえ自分の子でも才能がなければ芸を教えてはいけない、単に自分の子であるというだけで家を継がせてはならないと言うのです。才能のない者に跡を継がせると、その家の芸は衰退してしまう。だからこそ将来に向けてこの教えを残しておきたかったのでしょう。つまり、安易に世襲をしてはいけないということです。自分たち一派の未来を守るために、これだけは伝えておかなければならないという覚悟が見てとれます。

「優秀な二世議員」はいるか

これは能楽の世界だけの話ではありません。歌舞伎も代々その家の子どもが幼いときから舞台に出て役者としての修練を積むのが一般的ですし、茶道、華道といった伝統文化における家元も制度としては世襲が一般的です。落語や講談になるとそこまではなく、名跡を子が継ぐこともありますが、外から入門してくる弟子が襲名することもあります。ひょっとしたら、落語の世界の方が実力主義が徹底されているのかもしれません。
「能力のない者に跡を継がせてはならない」という世阿弥の言葉はまったくその通りですが、現実にはなかなか難しいものです。

伝統文化の家元以上に世襲が当たり前になっているのが政治家です。政治家が持っているリソースを俗に「ジバン（地盤）」「カンバン（看板）」「カバン（鞄）」と言いますが、これらを継承した二世議員や三世議員がたくさん生まれています。選挙民である後援者も、自分たちの利権を守りたいがために二世議員に票を与えているのが現状です。

一九九六年に衆議院選挙で小選挙区比例代表並立制が導入されて四半世紀になりますが、この間に実施された八回の衆院選で新人は二割しか当選していません。なんと八割は世襲議員なのです。彼らは本当に政治家として優秀なのでしょうか？　もちろんなかには優秀な人もいるでしょうが、資質がない人も多くいるはずです。まさに「人、人にあらず」なのですが、政治家の世界ではどうやらそのようにはなっていないようです。

家を継ぐことは難しい

　これはビジネスの世界でも同様で、代々子どもに社長を継がせているという会社はそれほど珍しくありません。わが子に跡を継がせたいと思うのはごく自然な感情で、オーナー経営者の方が自社の経営への情熱は強いこともあるため、同族経営のすべてが悪いわけではないのです。実際、オーナー経営者だからこそ大胆に判断できたり苦境でも我慢ができたりするので、それが企業の危機を救ったということも少なくないでしょう。

　しかし、後々の子孫に至るまでずっと商才のある人間が輩出するなどということは、まずありえません。ですから、いくら身内でも能力のない人間は経営者にはせず、外部から優秀な人間を招聘する必要があります。世阿弥は「たとえ自分の子どもでも才能のない者に教えてはいけない」と言っているものの、ではどう対処すればいいのかについては明確に語っていません。

才能をとるか、血をとるか

　いかに家の商売を続けるかということについて、近江商人に代々伝わる教えがあります。自分の子どもに対して「商売を拡げるな。今の商売を維持することだけを考えろ」と言い伝えるのだそうです。それではいつまでたっても家業が発展しないではないかと思われるでしょうが、近江商人の考え方はかなり現実的です。

孫子の代までずっと商売が続いていれば、何代かに一人、必ず商才のある人間が出てくる。その人は親から商売を拡げるなと言われても、きっと上手にやって拡げてしまうに違いない。そういう人が出てくるまでは、今の商売を守ることに徹しなさいと言うのです。商売において、これはかなり現実的かつ持続的なやり方だと思われます。

ただ、商売と芸能は違います。これまでたびたび出てきた「珍らしきが花」を大切にするには、芸風を守るだけでは飽きられてしまい、人気も下降していくでしょう。現実的な解決策としては、自分の子でなくても弟子のなかから優秀な者を自分の跡継ぎにするという方法があります。一方で、家元制度のある伝統文化の世界では、やはり血脈を重んじ、できることなら自分の子を跡継ぎにして家を存続させたくなるのは当然でしょう。

血脈をとるか、流派としてのバリューをとるか。世阿弥は血のつながり以上に、「才能を持った人間」を重用することで宗家の伝統をつなげていくべきだと判断したのでしょう。

ビジネスの〝コア〟を考える

現代では、同族経営にこだわらず優秀な人間を後継者にすることはごく普通にあります。しかし、世阿弥の時代に、それも普通の商売ではなく文化や芸能の分野において、そこまで厳しい判断をするのはなかなか大変だったと想像します。しかしながら、血のつながりより自分たちが提供する価値を重視するという姿勢を明確に出したからこそ、他流派との闘いを乗りきり、今日に至る数々の教えが生きているわけです。つまり世阿弥は、「本当に大事なことは何か？」を考え抜いたのです。

今日の私たちのビジネスでも、忘れてはならないことがここにあります。「家、家にあらず、継ぐを以て家とす。人、人にあらず、知るを以て人とす」という考え方は、企業が将来にわたって長く続くものである限り、すべての経営者がしっかり心にとどめておくべきことではないでしょうか。

技術の停滞と慢心をどう防ぐか

「『われは昔よりこのよき所を持ちてこそ名をも得たれ』と思ひつめて、そのまま、人の嫌ふことをも知らで、老の入り舞をし損ずるなり。しかしながら、この劫なり。よくよく用心すべし」

（「自分は昔からこのやり方でやってきたから名声を得たのだ」と思い込んでしまい、観客から見れば古くさい、面白くも何ともない芸なのに自分ではそれに気づかず、下手な演技をしてしまう。こういうことには十分に注意しなければならない）

『花鏡』劫之入用心之事

「失敗は成功の母」ということわざがありますが、正直言って私はこの言葉があまり好きではありません。「失敗してもくよくよするな、その失敗の経験がいずれ成功に導くのだから」という意味合いでしょうが、そんなことは当たり前すぎて教えも含意もありません。上手くいかなかった人間を慰めているようにしか聞こえないのです。

むしろ、私は「成功は失敗の母」だと思います。ビジネスの現場に長い間いると、大きな成功をすればするほど不安になります。「成功が大きければ大きいほど、新たな失敗の種を内包することになる」というのが私の経験だからです。一時的に成功した企業が没落していくケースもたくさん見てきましたし、優良企業が新興企業の画期的な技術を軽視してその地位を失ってしまったこともありました。「イノベーションのジレンマ」という言葉は、近年よく聞くようになりましたね。

批判は進歩を促す

役者としての経験を積んで次第に上達し、まわりから高い評価を得るようになることを、世阿弥は「劫(こう)」と表現しています。「劫」はもともと仏教用語で、「未来永劫」という言葉でも使われていることからわかるように、非常に長い期間を意味します。「長年にわたる経験の蓄積と功績」、いわばいいキャリアを積んできたということです。

世阿弥は、「劫(＝功績)」にもいいものと悪いものがあると言います。いくら世間の名声を得たといっても、それは都、すなわち中央で活躍して称賛されないとダメだと言うのです。都で名声を博した役者でも、地方に住み続けていると「都で評判を得たあの芸を忘れてはいけない」と努力するだけで精いっぱいになってしまう。結局、優れた才能とよい芸を持っていても、それを「忘れまい」という消極的な努力をするに留まるため、だんだん芸のレベルが落ちていき、それを自覚できなくなる。

これが悪しき劫、すなわち悪い功績であり、彼はそれを「住劫」と称しています。「住劫」というのは一つのところに留まって進歩がなくなってしまうという意味で、世阿弥はそれを排除すべきものだとします。

さらに世阿弥は、「都では優れた批評眼を持つ観客も多いので、自分が気づいていないマンネリや芸のレベルの低下もすぐに観客の素振りに表れる。また、悪い評判も自分の耳にすぐ入ってくるので、自然に芸も磨き上げられていく」と言います。

パフォーマンスの低下に自分で気づけるか

かなり辛辣な発言であり、地方を軽視しているようにも見えます。しかし、世阿弥は第一章の「衆人愛敬」（48ページ）にもあったように、貴人と一般庶民、あるいは都と地方は同じように演じてはいけない、観客に合わせた芸をしなければならない、と語っているので、けっして地方の観客を軽く見ているわけではありません。

世阿弥の一生は、けっして順風満帆ではありませんでした。義満の時代はたしかに将軍の寵愛を受け、人々からもてはやされていましたが、四代将軍義持(よしもち)になると不遇をかこつようになります。さらに、六代義教(よしのり)の時代には弾圧を受けて佐渡に流されています。

そうした不遇の時代に、彼は考えに考え抜いて能楽の書の多くを書きました。報われない状況にありながら、「どこが足りなかったのか」「何が悪かったのか」をとことん考え、出てきた言葉の数々。だからこそ、極めて高い説得力で私たちの心に訴えかけるのです。

注意しなければならないのは、住む場所だけでなく、積み重ねられた年齢によって「悪しき劫」に陥る恐れもあることです。よき劫、すなわちよい経験と功績で立派な芸を演じていても、自分で気がつかないうちにそれらが停滞し、やがて悪しき劫、すなわちレベルの低い芸に陥ってしまうのです。

そもそも、最初から「よい経験」という特別なものがあるのではなく、悪いところが少しずつなくなっていくからよいものになるだけ。だから、いくらいい経験を積み重ねても、そこに安住すると悪しき劫になってしまうと世阿弥は強調しています。

過去の成功体験は捨ててしまう

この「よき劫と悪しき劫」は、私たちのビジネスの場でもよく見られます。実はそのやり方はもう古いのにそれに気づかず、同じやり方を続けてしまうケースです。

「今まで何回もこれでうまくいったんだから、これで間違いない。ゴチャゴチャ言わず、私の言う通りにやれ！」。あなたのまわりにも、成功体験にとらわれてこれまでのやり方を変えられない、このような上司がいるのではないでしょうか。

たしかに、ベテランの人たちには豊富な経験があるので、対処の仕方もよくわかっているはずです。また、ほめられたり評価されたりした成功体験はいい思い出として心に残っているので、同じやり方で解決したくなる気持ちはわかります。

しかし、時代の状況や市場が刻々と変化していることを無視して、自分の経験則が唯一の正解であるかのように振る舞うのは大きな間違いです。

これは、むしろ経営者レベルでよく起こっています。日本の製造業が停滞している原因の一つは、過去の成功体験にとらわれて、新しい技術ややり方を素直に取り入れなくなったからです。ビジネスの世界での老害とは、昔の成功体験に凝り固まっている経営者や上層部だと言えるでしょう。

人間は年齢を重ねるにつれて独善的、頑迷固陋になりがちです。だからこそ、間違いなく「成功は失敗の母」なのです。

世阿弥の「よき劫の住して悪き劫になる所を用心すべし」という言葉は、まさにこれを戒めた言葉だと言えます。

変化しないことを恐れるべし

住する所なきをまづ花と知るべし

NHKで一五年以上も続いている「プロフェッショナル——仕事の流儀」という長寿番組では、さまざまな分野のプロフェッショナルが紹介されます。

この番組の最後の方で、「プロフェッショナルとは？」という問いかけがあり、それに対する答えでその人の職業観や使命感がよくわかります。

もし私が「プロフェッショナルとは？」という質問をされたら、「顧客の期待以上のものを常に提供し続けられる人」と答えるでしょう。実はこれ、世阿弥の「住する所なきをまづ花と知るべし」という言葉にヒントを得たものです。

人はなぜ変化できないのか

『風姿花伝』のなかで、実はこの言葉が一番好きで、独立して以来ずっと忘れたことがありません。「住」というのはそこに留まり続けることですから、「住する所なき」というのは「同じ所に留まり続けることなく」という意味で、同じ芸をずっと続けていてはいけない、常に変化しなければ生き残れないと世阿弥は言うのです。

大学には十年一日のごとく同じ内容の講義をボソボソと続けている先生がよくいます。これはまさに「ずっと住している状態」でしょう。そんな人には、世阿弥のこの言葉を聞かせてあげたくなります。

では、人はなぜ変化することができないのでしょうか。これは怠惰であるとか、慢心しているということだけが理由ではありません。人間の心理には、本質的に変化を好まない心があります。行動経済学に「現状維持バイアス」という現象があるように、人間は本質的に現状を変更することに対して強い抵抗感を持っているのです。

その理由は「恐れ」にあります。変えるかどうかの決断は自分でしなければなりません。仮に変えていい結果が出れば問題ありませんが、悪い結果となれば、それは変えた自分の責任になってしまいます。一方、変えなかった場合に悪くなったとしても、それは環境のせいにできます。実際は、変えるべきときに変えなかった自分のせいなのですが、人間というのはなかなかそうは考えません。変化を好まないことにも理由があるわけです。

世阿弥が「常に変化をし続けなさい」と言うのは、そんな人間の性を知ったうえでのことでしょう。

上達できなくても変化は続ける

私たちはややもすれば「変化＝上達、グレードアップ」と考えがちです。もちろんそれが理想ではありますが、現実には常に上達し続けるのは至難の業です。それなら、必ずしもグレードアップされていなくても、目新しさや新鮮さを相手に感じさせられれば、それで十分ということもあります。第一章で説明した「珍らしきが花」(35ページ)で解釈の違いを出してみたり、「作劇のイノベーション」(42ページ)で同じスキームでもコンテンツを入れ替えて新鮮さを出したり、方法はいろいろあります。

これは個人の芸や仕事でも同じです。上達し続けたり、新しいものを生み出し続けたりするに越したことはありませんが、それがかなわない状況もあります。満足していないから出さない、売らないという姿勢では、自己満足で終わってしまいます。常に勝負の世界で生き残るためには、世阿弥はそうであってはならないと考えているのです。

自分をコピペしてはいけない

私の場合、執筆と講演が主な仕事です。執筆については、常に新しい分野や新しい視点で書けないものかと日々考え続けています。そのためには取材が欠かせませんが、ここで言う〝取材〟とは、誰かにインタビューすることだけではありません。日常生活で誰かと会話して得たヒントも、本を読んでの気づきもすべて取材です。

また、以前と同じテーマで講演の依頼があった場合、依頼先が異なっていても絶対に過去の内容をそのまま使い回すことはしません。聴いている人が違うのだから問題ないと思われるかもしれませんが、自分の講演を自分でコピペするのはつまらないものだし、やはり心のどこかで引っかかるものがあるからです。

「住する所なきをまづ花と知るべし」という言葉を座右の銘としてきたからこそ、けっして自分の作品や講演を自分でコピーしないようにしています。

これは、おそらくあらゆる業種や職種に共通することだと思います。自分がやってきたこと、つくってきたものを否定したり壊したりするのはなかなか勇気が必要ですが、それをやり続けてこそ、顧客から評価を受け続けることができるのです。

第四章

世阿弥の言葉は苦境にいるビジネスパーソンを救う

会社で仕事をしていると、非常に厳しい状況に追い込まれることがよくあります。自分の存在やアイデンティティが否定されかねない事態は、思いもかけないところから起こるものです。

世阿弥もその人生で数々の苦境を経験してきました。そんな彼が書いたもののなかには、苦境にあるビジネスパーソンにとって救いとなる言葉が散りばめられています。

この最終章では、そんな世阿弥の言葉の数々を紹介するとともに、現代に生きる私たちがその言葉をどう解釈し、活用すればいいのかを考えていきます。特に定年が近づいてきた五十代、すでに会社を辞めた六十代の人たちにとって、「老後の初心」というのは大いなる気づきになるに違いありません。

優秀なビジネスパーソンには「花」がある

花を知らんと思はば、まず種を知るべし

『風姿花伝』の「問答条々」の終盤、項目の九つ目では以下のように述べられています。

「真の花は、咲く道理も、散る道理も、心のままなるべし。されば久しかるべし。この理を知らむこと、いかがすべき。（中略）

まづ、七歳よりこのかた、年来の稽古の条々、物まねの品々を、よくよく心中に当てて分ち覚えて、態を尽し、工夫を究めてのち、この花の失せぬ所をば知るべし。この、物数を究むる心、すなはち花の種なるべし。されば、花を知らんと思はば、まづ種を知るべし。花は心、種は態なるべし」

（真の花が咲く理由も散る理由も、心がけ次第である。それによって、花を長く保つことができる。どうすればこの道理を理解できるか。［中略］七歳以降はこれまで説いた教え

を心で理解して覚え、あらゆる演目を演じ、芸の工夫を極める。そうすると、どうすれば花を保つことができるかわかってくる。各種の演目の芸を極めようとする心がけが、つまり花の種である。だから、花を理解するには、まず花の種を理解する必要がある。花は心の工夫の問題、種は芸の技である)

『風姿花伝』第三・問答条々

種がなければ花は咲かない

まず、世阿弥は「花を知ることはこの道の奥義を極める段階だ」としています。〝花〟にもいろいろあることは本書でも述べてきましたが、見た目の美しさ（時分の花、幽玄の花など）は誰が見てもすぐわかるものの、それは単にその役者の身体的特徴から生まれるものだから、いずれ散るときがきます。

ところが、「真の花」は咲かせるのも散らすのも役者の思いのままになるはずで、だからこそ年齢は関係なく、いつも花は花として保たれます。そして、そのために必要なことは「種」であり、種がなければ花は咲きません。だからこそ、種がいったい何かということを知らなければならないのです。種とは「態（わざ）（＝技術）」だと言っています。小さいころから鍛錬して、まず形を学ぶ。それに磨きをかけて、工夫の果てに花を得ることができる、この技術の数々を極め尽くす心こそが花の種、すなわち花を生み出す元になるのです。「花は心　種は態」という言葉を、私なりにもう少し具体的に解釈してみましょう。「花は心」の「花」は、何か特別な形や見た目を表すのではなく、観客が心に感じるものだということです。その観客の心を動かす元になるものが種なのですが、種は演ずる技術だと表現しています。これは精神論ではありません。「心を込めて演じれば人を感動させられる」などとはひと言もいっていないのです。

要は技術を磨くこと、それが人の気持ちを動かすことになる。世阿弥の徹底したプラグマティズムとも言うべき考えに基づいています。

つくり手の魂より〝形〟が重要

「仏つくって魂入れず」という言葉があります。形だけ整えても、心がこもっていなければ伝わらないというような意味です。しかし、世阿弥はこれにけっして賛同しないのではないかと私は考えています。いくら心を込めてつくったとしても、それが形として表れなければ何の意味もない。世阿弥はそのように考えるはずだからです。

「心がこもっている」などという精神論は捨てて、まずは〝形〟から入る。技術を高めていけば相手には自然に伝わります。「仏つくって魂入れず」で一向にかまわないのです。立派な仏像をていねいにつくれば、できあがったその仏像には、見る人に訴えかける何かがあることでしょう。それは見る側に委ねられるべきで、つくり手が魂を入れ込めるなどと考えるのは、実におこがましいことなのです。

精神論にすり替えてはいけない

ではビジネスにおいて、この考え方はどう実践できるでしょう。私は三つあると考えています。一つ目は何より「形」を大事にすることです。ビジネスにおいて大事なのは技術を磨くこと（＝態を極めること）であり、けっして真心などという精神論にすり替えてはいけません。多くの企業でこういう精神論が跋扈しているのは困ったことです。

たとえば、接客業では気分を害するようなことを言われようが笑顔で接するのは当然です。それは頭にきても笑顔をつくるという技術であって、心から笑顔になる必要はありません。仮に「お客様に奉仕することを喜びとせよ」などという経営者がいたら、それは宗教であって、まともなビジネスの思考とは言えません。経営者として物事を真剣に考えないから安易な精神主義に陥ってしまうのです。「種は態(わざ)」。顧客に満足してもらうために、精神論ではなく具体的な技術論で語るべきなのです。

基本動作ができているか

二つ目は「基本を身につけることの大切さ」です。何事においても基本が大切な理由は、基本動作が理にかなっているからです。基本動作がしっかり身についていれば、何か突発的な出来事が起きても対応できます。

能のような芸能の世界では、基本の所作の一つひとつに理由があります。ビジネスの世界でも、決められたルーティンやプロトコルにはすべて道理があります。突発的なことはその道理から外れた事態ですが、基本の道理がわかっていれば、そこへ戻すように行動すればいいわけです。基本が身についていないと、どうすればいいかわかりません。

たとえば業務に関する基本動作として、上司や本部への結果報告が義務づけられているとしましょう。業務が順調に推移している場合でもこれが行われていれば、仮にトラブルが起きてもまずは報告をすることになり、それによって上司と問題を共有し、最小化することができます。

学び続けることが大切

最後は、学び続けることの大切さです。世阿弥は、すべての能芸を研究し尽くした後にまことの花が生まれると言います。この学びには終わりがなく、常に研究していることで新しいものを生み出せます。第一章でお話しした「珍らしきが花」でも、「花」と「面白さ」と「新鮮さ」は同じだと言っています。新しいものを生み出すことが「花」なのです。

私たちの製品にしてもサービスにしても、常に新しい機能や利便性が付加されていかなければ、次第に廃れていくでしょう。絶え間ないイノベーションのためには常に人に学び、考え続けなければ新しい発想や珍しいものを生み出すことはできません。

ビジネスパーソンにとっての「花」を突き詰めれば、仕事ができる、優秀であるということになるかもしれません。私たちは通常、「花のあるビジネスパーソン」とは言いませんが、世阿弥の言う「花」は、ビジネスでは間違いなく優秀さと言い換えられます。

ただし、指示されたことを遅滞なく、正確にこなすだけでは本当の一流、「花」を持ったビジネスパーソンとはなりません。本当の仕事のプロとは、相手の期待を上回るものを出し続けられる人です。それが「珍らしきが花」ということであり、相手が予想もしなかったサプライズを提供することが、その本当の意味なのです。

仕事人生の〝勝負どころ〟を見極める

一期の境、ここなり

風姿花伝の「序」に続く「第一」は「年来稽古条々」といって、幼いころから老年までのそれぞれの段階で能を学び、演じるうえでの心構えを説いています。一読しただけでは能の演技論のようにも思えますが、よく読むとビジネスパーソンが会社に入って定年に至るまでにどう振る舞うべきか、重要な示唆が含まれています。

そんな「年来稽古条々」の「十七八より」に、非常に興味深い言葉を見つけました。「一期の境、ここなり」です。

苦難の一七、八歳

当時の能の世界では一二、三歳の少年のころは、今で言えば十代後半のアイドルタレントですが、ただしその魅力はあくまで「時分の花」、すなわち年齢が醸し出す魅力であって、「真の花」ではないことは前述しました。このころは、基本だけをしっかりやっていればそれで十分なのです。

その次の段階、一七、八歳は能役者にとって「生涯で最も困難な時期」です。声や体つきが変わってきて、かわいらしい声がなくなり、ぐっと身長が伸びてしまうため体つきも腰高になり、どことなくアンバランスな姿になってしまう。また、観客が抱いていたイメージと大きく変わってくるため、客離れが進む懸念もあります。

普通なら人生において最も輝いている時期である十代後半が、能役者にとっては最も苦難の時期であるというのも皮肉な話です。ところが苦難の時期であるからこそ、最も大事な時期でもあると世阿弥は言います。

ひたすら鍛錬すべき時期もある

このころは、客からどう見られるかは気にせず、ただひたすら稽古に明け暮れることが大事だと言います。そこで出てくるのが「一期の境、ここなり」という言葉です。「一生の浮き沈みを決める、その境、分かれ道がこの時期だ」という意味になります。能役者としての生涯を、この時期に懸けるという意気込みが大事なのだということです。

あれこれ考えず、とにかく能にかじりつく以外に稽古の方法などない。ここで努力を放棄してしまえば一生上達は望めない、という厳しい言葉が続きます。

調子がいいとか悪いという以前に、そもそも見栄えがよくないのだから何をやっても無駄。よく見せようとあがくより、とにかくひたすら基礎的な稽古に打ち込むべきなのです。

入社して少し経ったくらいのビジネスパーソンも、似たような状況だと言えるでしょう。最初は若くて元気で熱心なので、それだけで顧客や先輩から受け入れられたかもしれません。ところが、フレッシュなだけではどうにもならなくなるときがきます。知識や経験の量と求められるものの間にアンバランスが生じてくるのです。そうなったら自分の技術を磨き、経験を増やしていくしかありません。

営業であれば、ひたすらお客さんへの訪問を欠かすことなく継続する。事務部門であれば、自分の担当する仕事のボリュームを増やすなどして仕事量をこなす。これによって期待と実力が見合うようになってきます。

「一期の境、ここなり」には、これを生涯の仕事とする覚悟を持ちなさいという意味も含まれています。道を究めるには、この時期に頑張るかどうかが明暗を分けるということで、つまり「勝負どころを見極める」ということです。

ただ世阿弥は、最初の「是非の初心」は二四、五歳のころに訪れると言います。ということは一七、八歳のころは初心の前の段階です。つまり、勝負どころや転機はこの先に何度もあるものの、「生涯をこの業に賭ける」という覚悟は、この時期にこそしっかりと持っておくべきだと言っているのです。一人前の役者になる以前の若者にとっては、かなり厳しい言葉かもしれません。

この後も能楽師として勝負どころは何度も訪れますが、そこで大切なのが前述した「三つの初心」（130ページ）です。いろいろな困難や転機が訪れたとしても、常にそれを受け入れ、それに向かっていく気概を持つことが初心なのです。

なるべく早く専門性を確立すべき

以前は、会社のさまざまな仕事を経験するジョブローテーション型の働き方が主流でしたから、「若いうちに、その仕事に一生取り組む覚悟を持て」というのは、考え方としては理解できても現実にはなかなか難しかったでしょう。

ところが、最近は仕事に対してより専門性が求められるようになってきているため、これからはできるだけ早い時期に自分の専門性を確立していくことが大切になります。別な言い方をすれば、「会社人間」から「仕事人間」になる。会社に忠実であるより、自分の仕事に忠実であることが求められるようになるのです。

これは中高年になっても、あるいは定年後に働く場合でも、自分の専門性を磨いていくのは極めて重要になっていきます。「資格をとっておけば役に立つだろう」とか、「自己投資をしておくべきだ」といったレベルの話ではなく、ここが勝負時だと思えば、「自分はこれに生涯を捧げる」という気概で勝負に出ることも必要でしょう。

ビジネスパーソンであれ、自営業であれ、成功した人は誰もが例外なく、勝負どころで「一期の境、ここなり」とばかりに自らの仕事に全力を注ぎ込んでいるのです。

普通のビジネスパーソンではなかなかそんな勝負はできない、と思うかもしれませんが、チャンスだと思ったときは躊躇なく全力をあげればいいのです。私も仕事人生において何度か勝負時があり、そのときにふと思い出したのがこの「一期の境、ここなり」という言葉でした。もちろんすべてうまくいったわけではありませんが、その経験の積み重ねが会社を起業してからおおいに役に立ったことは言うまでもありません。

不遇なときをいかに乗りきるか

世阿弥の生涯はけっして順風満帆ではなく、むしろ苦難の時期の方がはるかに多かったのです。たしかに彼は若くして三代将軍義満から寵愛を受けましたが、義満は前述したように近江猿楽の犬王にも肩入れしていました。また、自分が二五歳のときに父の観阿弥が亡くなってからは、若くして座の経営に責任を持つという重責を担うことになります。

また、義満の次の将軍である義持は猿楽より田楽が好みでした。さらに次の義教の代には弾圧を受けるようにさえなります。義教は世阿弥の甥の元重を重用し、世阿弥とその息子の元雅はそれまでの地位や興行地盤を失っていったのです。

追い打ちをかけるかのように、一四三二年、世阿弥が六九歳のときに息子の元雅が旅先で亡くなります。その失意のなか、自身も七〇歳を超えて佐渡に流されてしまいます。最期は都に戻ることができたのか、あるいは佐渡で亡くなったのかは明らかになっていませんが、けっして幸せな晩年でなかったことはたしかです。

組織の理不尽を受け止める

世阿弥ほどの人生の浮き沈みはないにしても、好不調の波は誰にでもあるものです。上司が代わってコミュニケーションがうまくいかなくなり、疎んじられることもよくあります。仕事の成果は変わっていないのに、なぜか評価を下げられたという人もいるでしょう。

顧客との取引についても、相手の担当者や責任者、役員や経営者の方針が変わって注文がなくなることもありえます。これは自分たちの努力とは関係なく、組織対組織の間では常に起こりうることです。世阿弥と同様、自分ではどうしようもない要素で不遇の時期を迎えることはよくあると考えるべきです。

そんなときには、いったいどうすればいいのでしょう。

不遇の時代における身の処し方について、世阿弥は「こういうことをやりなさい」とは書いていません。彼の書自体は不遇の時代に書かれたものが多いはずですが、自分自身の不満や恨みつらみは少しも感じられないのです。

だからこそ世阿弥の言葉には迫力があり、私たちに響くのでしょう。うまくいっている人の、うまくいっているときの言葉はあまり心に響きません。実際に会社で冷遇されている人を見ても、常に不平不満を言っている人よりは、じっと我慢している人の方により強い意志を感じます。

 悪い時期があるのは当たり前

「因果の花を知ること。極めなるべし。一切皆因果なり。初心よりの芸能の数々は因なり。能を究め、名を得ることは果なり。しかれば、稽古する所の因疎かなれば、果を果すことも難し。これをよくよく知るべし」

（「花」がどうやって生まれるか、その理屈を知ることがこの風姿花伝の極意と言ってもよい。この世のすべては因果の関係にある。若いころから身につけてきた多くの芸は「因」であり、上達して名声を得ることが「果」である。であれば、原因である稽古を怠れば名声を得るという結果を獲得することは難しい。これをしっかり知っておかなければならない）

『風姿花伝』第七・別紙口伝

私たちの日常生活において、「因果」という言葉はどちらかと言えばネガティブな使い方をされることが多いように思います。「何の因果でこんなことになったのだ」とか、「こうなったのも因果だから仕方ないか」といった具合です。

世阿弥が言う「因果の花」とは、花が生まれるには必ずその原因があり、その結果としてよい花が生み出されると言っているのです。

ただし、努力という「因」があれば、必ず「果」というよい成果が生まれるとは言っていません。

「いかにすれども、能にも、よき時あれば、かならず悪き事またあるべし、これ力なき因果なり」

(どんなに努力をしても、よいときがあれば必ず悪いときもある。これは、人間の力ではどうにもならない因果の道理というものである)

『風姿花伝』第七・別紙口伝

このあたりの考え方に、世阿弥が不遇の時代をすごしたときに考え抜いた、彼なりの哲学があるように感じます。

いい波が来たときに差が出る

とはいえ、時期が悪いからといって、漫然と待っていてはいけないとも言います。自分に風が吹き始め、自分に分が回ってきたとしても、不調のときに何もしなければ波に乗ることはできません。証券業界でも、マーケットが不調なとき、すなわち株式市場が停滞しているときは営業マンの成績にあまり差が出ません。ところが、相場が上昇し始めると成績のいい営業マンとそうでない営業マンの差が大きく広がります。これは不思議なのですが、いつの時代にも同じ現象が見られました。

この違いは、マーケットが不調なときやっていたことに起因します。相場が悪いときは顧客の機嫌もよくないため、ややもすると連絡を敬遠しがちになります。ところが優秀な営業マンは、マーケットが悪くても顧客のところへ出かけます。もちろん取引はなかなかしてもらえませんが、少なくともマーケットが不調であることを顧客に説明して、少しでも不安を小さくすることは可能です。そうした地味な行動が信頼感につながり、マーケットが復調したときに差となって出てくるのです。

第二章で出てきた「信あれば徳あるべし」（85ページ）も、信じて精進を続けていれば状況が好転したときに必ず「果」が出るということです。ビジネスパーソンが不遇になったときに思い出すべき言葉ではないでしょうか。

競争から降りるのも悪くない

四十より能は下がるべし

『風姿花伝』の「年来稽古条々」は生涯にわたる能の修業のあり方を年代ごとに書いたものですが、「三十四五」のくだりは中年期に差しかかる時期のことで、ビジネスパーソンにとっては非常に微妙な時期になります。

世阿弥は一四世紀の人物ですから、当時の三四、五歳というのは、今で言えばおそらく四十代半ばから五〇歳ぐらいにかけてのことでしょう。世阿弥はこのころについて、非常に短い文章ですが、驚くほど辛辣なことを書いています。

四十代が仕事人生のピーク

能役者がピークを迎えるのが三四、五歳ころだと世阿弥は言います。

「この頃の能、盛り(さか)の極め(きわ)なり。ここにて、この条々を究め(きわ)悟りて堪能(かんのう)になれば、さだめて天下(てんが)に許され、名望を得つべし」

(このころの能は、盛りの絶頂である。この段階でこの風姿花伝の教えの数々を完全に会得し、熟達の域に達することができれば、必ずや天下の人々に名人として認められ、名声を得ることができるはずだ)

『風姿花伝』第一・年来稽古条々

いわゆる〝脂の乗りきった時期〟は今で言う四十代後半、企業では課長から部長になる年齢で、これは一つの真実でしょう。ところが、その後に続く言葉が実に辛辣です。

「もし、この時分に天下の許されも不足に、名望も思ふほどもなくは、いかなる上手なりとも、いまだ真の花を究めぬ為手と知るべし。もし究めずは、四十より能は下るべし。それ、のちの証拠なるべし」

(もしこのときまでに天下の人々に名人として認められていなければ、いくら上手で主役を演じていても、まだ「まことの花」を身につけていないと考えるべきだ。もしまことの花を極めていなければ、四〇歳以降はきっと下り坂になるだろう。そうなること自体が、このころまでに花を極めていなかったことの明らかな証拠である)

『風姿花伝』第一・年来稽古条々

追い打ちをかけるように、こんなことも言っています。

「さるほどに、上るは三十四五までの頃、下るは四十以来なり。かへすがへす、この頃、天下の許されを得ずは、能を極めたりとは思ふべからず」

（そういうわけだから、上達するのは三四、五歳までの間で、四〇歳以降は下り坂になっていく。このころまでに天下の名声を得ていなければ、くれぐれも能の奥義を究めたなどと考えてはいけない）

『風姿花伝』第一・年来稽古条々

出世競争はすでに終わっている

今の時代に置き替えると、「四十代半ばの第一次選抜で出世していなければ、もう後は窓際へ行くしかないよ」と指摘しているわけです。たしかに一人のビジネスパーソンとして考えた場合、体力や気力、そして判断力や記憶力などのスキルはどう考えても四十代がピークでしょう。体力は三十代、判断力は五十代の方があるかもしれませんが、トータルで考えた総合力は四十代がピークだというのは誰もが納得するはずです。

つまり、ビジネスパーソンとしての実力がピークを迎える四十代半ばまでにそれなりの立場や地位を得られていなければ、同じ会社にいても、もうそこからの栄達は望めないと考えるべきなのです。これは誰もがおぼろげながら考えていることですが、会社では上司も人事部も、それを直接本人に言うことはまずないでしょう。仮に窓際的な部署へ異動させるときでも、「新しい事業部門だから会社としても期待しており、君の力を発揮してほしい」などと言われます。しかし、新しい部署の担当役員や部長の顔ぶれを見れば、会社の期待度はおのずとわかります（笑）。

自分の負けを認められるか

世阿弥は「お前は負け組になったということだよ」と、かなり身も蓋もないことを言っているのです。ところが最後のフレーズで、負け組になった後にどうすべきかというヒントのようなものを語っています。

「ここにてなほ慎しむべし。この頃は、すぎし方をも覚え、また、行く先の手立をも覚る時分なり。この頃究めずは、こののち天下の許されを得んこと、かへすがへす難かるべし」

（この段階でもう一度よく反省しなければならない。この時期は過去に積み重ねてきた芸

の技を完全に自分のものとし、今後の目指す方向を考えるべき時期なのだ。このころに能の奥義を極めなければ、これ以降に天下に名声を得ることはないであろう）

『風姿花伝』第一・年来稽古条々

これは私の解釈ですが、ここで世阿弥は二つのことを言っています。まだ三四、五歳になっていない若い役者には、「この時期こそ大事だから、ここまでにトップをとる気合いでやりなさい」というのが一つ。

そしてもう一つ、実はこちらの方がずっと重要ですが、この年齢でまだトップをとれていない窓際予備軍に対して、「今後の目指す方向も考えるべき時期だ」と言っているのです。これは現代のビジネスパーソンでも当てはまります。上に行けば行くほどポストは少なくなるので、会社には多くの負け組が生まれます。残念ながら、現代の企業はこうした出世と縁がなくなった社員を活用することができていません。シニア層の社員を活用できている企業もあるにはありますが、まだまだ少数派です。

プレーヤーとしてはトップに立てなくても、指導者や戯作者といった道もある。世阿弥の言葉にはそんな含意もあるように思います。

五〇歳をすぎたら〝成仏〟すべし

私はよく五〇歳をすぎた社員の方向けの企業研修に呼ばれますが、まさにここで言う「三十四五」の人たちが対象です。私自身も現役時代、五四歳のころにこういう研修を受けたことがあります。要するに、「もう勝負あった」という年齢の人たちに、今後のライフプランを考えることを促すための研修です。

そんなとき、私はいつも同じことを言います。

「みなさんはもうここから役員には絶対になれないのだから、早く成仏しなさい（笑）」

ここで言う成仏とは、いつまでも会社での地位や立場（現世）にしがみつくのはやめて、早く次の人生のステップ（来世）に向けて準備をしましょう、ということです。

具体的にはできるだけ社外の人との交流を持ち、仕事であれ趣味であれ、自分の残りの人生を充実させるための準備をする。「四十より能は下がるべし」なのですから、今後の進むべき方向について考える必要があるのです。

第三章で「初心には三つある」とお話ししました。初心というのは壁に当たったときの心構えというような意味だと説明しましたが、そのなかに三四、五歳のころに訪れる「時々の初心」がありました。これは、いわば能役者として大成できるかどうかの大きな分岐点ですから、かなり大きな壁だと考えるべきでしょう。

無理にその壁に挑んで砕け散るのではなく、迂回してもかまわないし、自分がここからどう進むべきかを考えるのもまた初心だと私は解釈しています。

多くのビジネスパーソンにとっての「三十四五」、すなわち現代で言う五十代は、次の人生に向かって来し方行く末をしっかり考える時期と言っていいでしょう。

下り坂が見えてからの心得　直面の申楽は年寄りては見られぬものなり

前項では「年来稽古条々」の三十四五、今で言えば四十代後半から五十代前半にかけての微妙な時期におけるビジネスパーソンとしての考え方、判断の仕方について考察しました。ここでは、同じ「四十四五」(初老期)について考えてみます。四四、五歳のころというのは、現代に置き換えれば六〇歳の定年前後と考えていいでしょう。ここで出てくる世阿弥の言葉は、長年会社勤めをしてきたビジネスパーソンが定年を迎えるころ、どんな考え方でどう行動すべきなのか、たくさんのヒントを与えてくれます。

世阿弥が『風姿花伝』を著したのは三十代半ばと言われているので、四十四五やこの後の五十有余という項を執筆したとき、まだその年齢には至っていなかったはずです。おそらく父の観阿弥を見て感じたことを書いたのでしょう。しかし、『風姿花伝』の二〇年後に著した『花鏡』にはここで書かれたのと同じようなことが書かれているので、けっして机上の空論というわけではありません。

ベテランになるほど一歩引く

「四十四五」における振る舞い方について世阿弥が述べているのは、要するに「無理をせず、控えめに演じよ」ということです。前項で「この段階までに成功しなければ、後はずっと下り坂だ」と言っていましたが、この四十四五のところでは、名人として成功していてもしていなくても、能への取り組み方は大きく変わってくると言います。

成功して名人になった役者は、これくらいの年齢になると加齢で「身の花（声や見た目の美しさ）」が消え失せるため、演じ方を変えなくてはいけないと言うのです。

世阿弥はさらに刺激的なことを言います。

「能は下らねども、力なくやうやう年闌け行けば、身の花も、他目の花も、失するなり。まづ、すぐれたらん美男は知らず、よきほどの人も、直面の申楽は年寄りては見られぬものなり」

（芸が衰えていなくても、だんだん年をとっていくと身体的な花も、観客にとっての花も失われていく。よほどの美男子であればいざ知らず、そこそこの男前でも、年をとってからの素顔で演じる能は、とても見られたものではない）

『風姿花伝』第一・年来稽古条々

これはまったくその通りですね。もちろんビジネスの世界では見栄えだけで判断されることはあまりありませんが、年齢にはあまり関係なく、身だしなみを整えるのはビジネスパーソンとしての基本です。そして、年を経てくることでフレッシュさが失せるのは間違いありませんから、年輩者は実務であまり前面に出るのではなく、少し控えておいた方がいいというのは現代のビジネスでも同じです。

ミーティングなどである程度の年輩の人が出てくると、「ああ、この人が責任者なのだな」と考えますが、その人が熱心にしゃべり始めると少なからず違和感を覚えます。責任者として部下に説明させて、自分は「何かあったときに責任をとる」というくらいの構えでいる方が、相手に安心感を与えられるものです。

若手の引き立て役になるつもりで

世阿弥は常にマーケット志向であることは以前にも述べた通りですが、ここでもその考え方は生かされています。ここでは「他目の花」という言い方をしていますが、要するにこれは観客が感じる魅力の度合いのこと。役者の体力が衰えているから控えめに演じよということではなく、観客から見てもう花を感じないと言うのです。

　やはり、若くて溌剌とした役者に比べて見劣りするのはやむを得ません。脇の為手（助演者。この場合は、後継者となる若い主役級の演者）に多くの主役を演じさせて花を持たせ、自分は引き立て役のつもりで演じる。

「この年齢になっても消え失せない花があるのなら、それは『真の花』を持った役者であるから、余計に自分の限界をわきまえているはずだ。だからこそ、脇役に徹することを心がけ、激しく演じて自分の欠点が見えてしまうような能は演じないものなのだ。このように自分の実力をわきまえる心が、その道の達人としての心がけなのである」

ベテランと言われる年齢に達した人の振る舞いについての、実に深い洞察です。

新しいチャレンジを忘れない

一定の年齢に達した後の演じ方（老後の初心）について、『花鏡』では実に具体的に述べられています。たとえば、年老いた役者は舞より謡を中心にすべきだと言います。この理由は舞が体力的に難しくなってくるというだけでなく、年を経るにしたがって声の質が磨き抜かれたものになり、謡に深みが出てくるからです。

こうした具体的な演技論は、現代の私たちがビジネスを展開するうえでも有用ですが、私はこの「老後の初心」という言葉に、現代にも適応できる別な意味を見い出していきます。「定年を迎えたシニアは、新しいことにチャレンジするべき」なのです。

私は今まで定年後に再雇用で会社に残ることをよしとせず、転職するなり、自分で仕事を始めるなり、何でもいいので新しいことに挑戦すべきだと言い続けてきました。

かつて自分が得意だったことも、若い人の方が優れているケースが圧倒的に多いはずです。そういうものはどんどん若い人にやってもらった方がいいのです。世阿弥が『花鏡』で述べているように、シニアにはシニアの優位性や特徴があります。若い人と無理に競うのではなく、自分ができることで何か世の中の役に立つ方法がないかを考えるべきなのです。

そのためには、いつまでも同じ会社にいるより外に出て新たに勉強し直す方が賢明でしょう。会社にいつまでも残っていることが、若い人の仕事の妨げにならないとも限らないからです。〝老害〟などと言われる前に、覚悟を決めて新しい一歩を踏み出す。まさに、定年こそが「老後の初心」の出発点だと考えるべきなのです。

こう言うと、「自分にどんな強みがあるのかわからない」という人もいるでしょう。これは長年会社勤めをして、上からの指示で動いてきたことの弊害かもしれません。

しかし定年が近づいてくれば、「自分はいったい何ができるのが」、そしてそれ以上に「自分はいったい何をやりたいのか」を真剣に考えるはずです。自分ができることとやりたいことを考えれば、答えはおのずと見えてくるはずです。

自分だけの「花」を見い出す

老木になるまで花は散らで残りしなり

世の中には、「自分はいつまでも若い。青春真っ只中にいる」などと考えている迷惑な人たちがたくさんいます。

老害経営者の心の拠り所

みなさんはサミュエル・ウルマンという人が書いた「青春」という詩をご存じでしょうか？　岡田義夫氏の訳がよく知られています。


青春とは人生の或る期間を言うのではなく心の様相を言うのだ。

優れた創造力、逞しき意志、炎ゆる情熱、怯懦を却ける勇猛心、安易を振り捨てる冒険心、
こう言う様相を青春と言うのだ。

年を重ねただけで人は老いない。理想を失う時に初めて老いがくる。

歳月は皮膚のしわを増すが情熱を失う時に精神はしぼむ。

苦悶や、狐疑、不安、恐怖、失望、こう言うものこそ恰も長年月の如く人を老いさせ、精気ある魂をも芥に帰せしめてしまう。（後略）

冒頭の「青春とは人生の或る期間を言うのではなく心の様相を言うのだ」という一文が有名です。要するに、年齢を重ねても心の持ちようで肉体の衰えはカバーできるのだから、誰しも情熱を失わないことが大切だ、というような意味です。

「とてもいいことを言っているじゃないか」と思われた方が多いかもしれません。事実、年輩の経営者のなかにはこの詩が好きだという人もいます。

そのように感じた方には大変申し訳ないのですが、私はこの詩があまり好きではありません。この詩自体がいい、悪いということではなく、この詩を心の拠り所として、加齢というものに抗おうとすることに嫌悪感を覚えるのです。

若いころ、私が働いている支店に本社から役員が視察に来ることがありました。そんなとき、私たち営業マンは会議室に集められ、訓話を聞くことになります。だいたい役員は一年か二年で交代するので、よく新しい役員が来るのですが、その訓話にかなりの確率でこの「青春」の詩が出てくるのです。

「いいか、大事なのは情熱だ！　オレはお前たちより年は上だけど、情熱はお前たちに負けない！　オレの方が青春真っ只中なんだ」

自分がいかに衰えていないかを誇示しているだけで、こんな精神論は何の役にも立ちません。仕事が忙しいのに集められて、本当に迷惑でした。

私はこの詩を見ると、日経新聞の「私の履歴書」の記事や、「年寄りの負け惜しみ」「老害経営者」という言葉が頭に思い浮かびます。まさに、この詩は「老害経営者の主張」そのものだと言っていいでしょう。

経験を積むことで別の花が咲く

年をとればすべての面で能力が衰えるのは当然です。体力は言うにおよばず、記憶力、吸収力、判断力、どれ一つとってみても若い人の方が優れているに決まっています。年寄りが優れているのは「経験の長さ」だけです。年齢を経て、経験を増すことによって身につけた、その年齢でなければ出せない味わいというのはあるはずです。

第三章でお話しした「時分の花と真の花」の、まさに「真の花」です。「真の花」は年をとったら誰でも身につくわけではなく、経験に驕ることなく鍛錬を積んできた人だからこそ持っているものなのです。世阿弥は、父である観阿弥が亡くなる直前に駿河の浅間神社で舞った能を次のように表現しています。

「およその頃、物数をばはや初心に譲りて、安き所を少な少なと色へてせしかども、花はいや増しに見えしなり。これ、まことに得たりし花なるが故に、能は枝葉も少なく、老木（おいき）になるまで花は散らで残りしなり」

（もう、そのころになってくると主役は若手に譲り、おとなしい曲を控えめに演じていたのだが、それでもさらに花が増しているように見えた。これは、それまで鍛錬を重ねて真に会得した魅力を持っているからで、枝葉の少なくなった老木にも花が散らずに残っていたということだろう）

『風姿花伝』第一・年来稽古条々

観阿弥は自分が持っている才能に磨きをかけ続けてきたことで、ベテランになっても花を咲かせることができました。けっして、情熱や信念、希望などの抽象的な精神論で片づけられる話ではないのです。

老いに抗ってはいけない

最近、よく「アンチエイジング」という言葉を聞きますが、これには「老いること＝よくないこと」という前提が見てとれます。老いに抗うという考え方なのでしょうが、老いること自体は自然な現象であり、けっして悪いことでも恥ずかしいことでもありません。

それなのに、それぞれの年代で果たすべき役割を正しく認識することなく、〝青春〟を引きずったまま若い人に対抗しようというのは、正直あまりカッコいいものではありません。これを世阿弥風に言えば、「真の花」を持たない老いた者が、若者が持つ「時分の花」と競い合おうと無駄な努力をしているようなものでしょう。

「年来稽古条々」の最後、「五十有余」のところでは、五〇歳をすぎてくると「せぬならでは手立あるまじ」（何もしないこと以外に手段はない）と言います。しかしながら、本当に能の奥義を体得している者、つまり「真の花」を持つ者であれば、年老いて身体も動かなくなり、何もできなくなっていっても花は残るはずだとも言うのです。

意地を張って若い者と張り合わなくても、青春を誇示しなくても、その残る花を見せることができれば、その人の仕事人生は大成功だったと言えるのではないでしょうか。

次の世代に何を残せるか

命には限りあり、能には果てあるべからず

世阿弥の後半生（四十代〜六十代）にかけて著した書が『花鏡』です。その最後の部分である「奥段（おくのだん）」に、非常に印象的な言葉が出てきます。

「『老後の初心を忘るべからず』とは、命には終りあり、能には果てあるべからず」

（老後にさえ、ふさわしい芸を学ぶ初心を忘れてはいけない。命には限りがあるけれど、能には終わりがないからだ）

『花鏡』奥段

これも私がとても好きな言葉です。自分自身はいずれ世を去るだろうが、能は一生かかっても学びきれない深いものである。だからいくつになっても向上心を失わないようにして、死ぬまで稽古を続けるべきだということです。

会社はなくなっても事業は続く

ただ、この言葉には別の意味も含まれているような気がします。単に生涯にわたって修業を続けることだけでなく、能という芸の捉え方や能とのかかわり方についても示唆されているように思うのです。この言葉を文字の通りに解釈すれば、「人はいつかは死んでいくが、能という芸術は永遠のものである」と読めるからです。

これを現代に当てはめると、「ゴーイングコンサーン（Going Concern）」という言葉が頭に浮かびます。これは企業が将来にわたって存続し、事業を継続していくという前提のことです。経営学では企業の活動が一時的なものではなく、無期限に続くことを前提としており、この仮定が成立していることを前提に各種制度の論理が構築されています。

企業会計もこの前提に基づいていて、たとえば企業年金も本来、積立金として必要とされる金額は現時点でのものではなく、将来にわたって発生する支払い義務まで含めて考えるべきだとされています。

「能には果てあるべからず」（能という芸術は永遠に続いていく）というのは、能が継続的な事業であることを前提とする考え方に基づいているということで、能をビジネスとして捉えた場合の心構えも内包しているように思います。

第三章で「家、家にあらず、継ぐをもて家とす」という考え方を紹介しましたが、伝統は単に血脈のつながりで維持されているのではなく、常に一つの事業として継続されてこそ維持されていくものだということですね。

企業は永遠ではありません。ずっと続けること自体も大事ですが、それ以上にその企業がいったい何をやるかが大事なのです。会社はたとえ倒産や買収で存在しなくなったとしても、会社が持っている優れた製品や技術、サービス体制というものは残るわけです。社名が変わり、経営者が代わっても支持してくれる顧客がいれば、その存在は永遠のものとなります。

「能には果てあるべからず」という言葉は、まさにそのことを示しています。

伝統芸能にもイノベーションを

この言葉にはもう一つ、常にイノベーションを忘れてはならないという意味が含まれています。前述した通り、もし世阿弥が今の時代に生きていたらＹｏｕＴｕｂｅやＴｉｋＴ okでプロモーションをし、最新のテクノロジーを能に取り入れていたでしょう。

伝統芸能の専門家でもない私が言うのはおこがましいですが、能は過去の形式にこだわりすぎているような気がしてなりません。

たとえば歌舞伎の場合、人気漫画『ワンピース』とのコラボで上演された『スーパー歌舞伎』などの試みが続いていますし、CGや映像を使った『超歌舞伎』では中村獅童と初音ミクが舞台で競演するという、なかなか面白いイベントもありました。

私が観に行った京都の南座での興行では、普段の歌舞伎の興行とは異なり若い人がたくさん来ていました。年輩の歌舞伎ファンにはこういうものはゲテモノだと思う人がいるかもしれませんが、そもそも歌舞伎というのは発祥がゲテモノなのです。一風変わった衣装や演出こそが、歌舞伎本来の姿だとすら言えます。

海外の伝統芸術であるオペラでも新しい試みが始まっています。南アフリカの現代美術家であるウィリアム・ケントリッジが演出するモーツァルトの歌劇『魔笛』は、映像とのコラボによってとても人気があるようです。日本では『狂言風オペラ　フィガロの結婚』というイベントが大阪の大槻能楽堂で演じられ、クラシック音楽と文楽、狂言の見事なコラボが見られました。

芸能は常にその時代の大衆とともにあるもので、その伝統とは単に形式を伝えるだけでなく、芸能自体が持っている力をさまざまな新しい表現で試していくことなのです。

そう考えていくと、「命には限りあり、能には果てあるべからず」という言葉には、自分の死後も新しいイノベーションの担い手がどんどん出てきて、能をさらに発展させてほしいという思いが込められていたに違いありません。

ビジネスパーソンとして考えた場合、自分が手がけたビジネス、具体的な製品やサービスが常に改良され、新しい技術を取り入れ、後進の人たちの手で発展させていくことこそが本当に大切なビジネスの役割であり、本質はそこにあると考えるべきです。会社員の立場であれば、「会社生活にはいずれ定年がやってくるが、自分たちが築いた製品やサービスの改良に終わりはない。これをよいものにしていってほしい」ということでしょう。

本書の最後にこの言葉を持ってきたのは、一人のビジネスパーソンとして私自身が本当に心に響いたのが「果てあるべからず」（永遠に続いていくものであれ）という言葉だったからです。自分の命が尽きた後でも、ずっと続いていくものにかかわり合うことができた喜びこそが、ビジネスを通じた人生の最大の醍醐味なのではないでしょうか。

おわりに

本書の執筆にあたっては、再度『風姿花伝』と『花鏡』をじっくり読み返すとともに、世阿弥にゆかりの土地をいくつか訪ねました。京都の新熊野神社には何度か訪れたことがありましたが、奈良の結崎（ゆうざき）と補巌寺（ふがんじ）、父の観阿弥が生まれた三重県名張と亡くなる前に能を演じた静岡の浅間神社、晩年に世阿弥が配流された佐渡には今回初めて訪れました。

若くして将軍義満の寵愛を受け、幾多のライバルたちとしのぎを削り能楽を大成させたものの、七〇歳を超えて都から遠く離れた佐渡に流されたとき、世阿弥はどんな気持ちだったのでしょうか。世阿弥が死ぬ前に畿内に戻れたかどうかはわかりませんが、いずれにせよ八〇歳

流罪になった世阿弥が配された佐渡の正法寺。毎年六月には、本堂を舞台にろうそくの明かりのなかで能が舞われる（著者撮影［以下四点］）

くらいまでは存命だったようです。

今ではもう当時を偲ぶものは何もありませんが、佐渡の港に降り立ったとき、私は当時の世阿弥とほぼ同じ年齢だったこともあり、また生まれて初めて来た土地ということもあって、ある種の感慨のようなものがありました。


ところが、世阿弥はそんな自分自身をも客観視していたようです。

佐渡でも『金島書（きんとうしょ）』という、紀行文と小謡曲舞集が一緒になったような書を著しています。本書の執筆にあたって、その『金島書』を初めて読んでみましたが、そこには私の想像とはまったく異なることが書かれていました。

その内容は、最晩年に不遇を託（かこ）った老人のものとはとても思えません。佐渡への海路の様子から始まり、島の

世阿弥の木像（正法寺蔵）。高さ約六〇センチメートル

風景や佐渡の由緒や縁起についても世阿弥自身の解釈で非常に興味深く綴られていました。本書でも「離見の見」について解説しましたが、世阿弥は自分のことをもう一人の自分が見つめるという客観的な姿勢を最後まで失っていなかったのです。

結局、世阿弥がいくつになっても好奇心を失わず、不遇でも常に前向きな気持ちや楽観的な見方を失わない強さがあったからこそ、当時としては驚くべき長命でいられたのではないかと感じます。

現代の会社生活でも、順調なときがずっと続くことはまずありません。何度も挫折を経験し、不遇を託つ時期があるのが普通です。そんな現代のビジネスパーソンにとって、世阿弥の考え方や姿勢はビジネスに役立つだけでなく、辛い時期に直面した場合の心構えとしておおい

「神事面べしみ」(正法寺蔵)。日照り続きのとき世阿弥がこの面をつけて舞ったところ、大雨が降ったと伝えられている

に参考になります。

「はじめに」でも述べたように、本書は能の技術や芸術性について解説するものではなく、六〇〇年という時の流れを経てなお色あせない、世阿弥が持っているビジネスの知恵を紹介するためのものです。

本書の内容が、多くのビジネスパーソンにとっていささかでも参考になれば幸いです。

正法寺内にある供養塔

参考文献

『風姿花伝』（岩波文庫）世阿弥著、野上豊一郎・西尾実校訂／『世阿弥』（別冊太陽・平凡社）別冊太陽編集部編／『風姿花伝・花鏡』（タチバナ教養文庫）世阿弥著・小西甚一編訳／『世阿弥―花と幽玄の世界』（講談社文芸文庫）白洲正子／『日本の古典をよむ（17）風姿花伝　謡曲名作選』（小学館）小山弘志表章、佐藤健一郎校訂・訳／『世阿弥　風姿花伝』（ＮＨＫ「１００分ｄｅ名著」ブックス）土屋恵一郎／『世阿弥　花の哲学』（玉川大学出版部）成川武夫／『高田明と読む世阿弥』（日経ＢＰ社）高田明著、増田正造監修／『秘すれば花』（講談社文庫）渡辺淳一／『芸術新潮』（２０００年６月号　世阿弥に学ぶ）／『現代語訳　風姿花伝』（ＰＨＰ研究所）世阿弥著、水野聡訳／『変革のアイスクリーム』（ダイヤモンド社）新井範子／『座右の世阿弥』（光文社新書）齋藤孝／『世阿弥のことば一〇〇選』（檜書店）山中玲子監修／『世阿弥に学ぶ１００年ブランドの本質』（ソフトバンククリエイティブ）片平秀貴／『夢跡一紙・金島書』（やまとうたｅブックス）能勢朝次／『世阿弥』（講談社学術文庫）北川忠彦／『処世術は世阿弥に学べ！』（岩波アクティブ新書）土屋恵一郎／『能にアクセス』（淡交社）井上由理子／『世阿弥　日本人のこころの言葉』（創元社）西野春雄・伊海孝充

著者紹介

大江英樹（おおえ・ひでき）
1952年大阪府生まれ。野村證券で定年まで勤めた後に退職し、2012年以降、経済コラムニストとして執筆や講演活動を続けている。世阿弥を知るきっかけになったのは、学生時代に活動をしていた演劇を通じて『風姿花伝』と出会ったこと。その後、演劇の世界とは離れたものの、ビジネスにおいて世阿弥の思考や行動に強い影響を受けてきた。これまでに４千回以上の講演を行い、現在も70歳を超える年齢で年間100回の講演を続けている。

ビジネスの極意(ごくい)は世阿弥(ぜあみ)が教(おし)えてくれた

2023年7月30日　第１刷

著　　者　大江英樹(おおえひでき)

発 行 者　小澤源太郎

責任編集　株式会社 プライム涌光
電話　編集部　03(3203)2850

発 行 所　株式会社 青春出版社
東京都新宿区若松町12番１号 〒162-0056
振替番号　00190-7-98602
電話　営業部　03(3207)1916

印刷　三松堂　　製本　フォーネット社

万一、落丁、乱丁がありました節は、お取りかえします。

ISBN978-4-413-23318-7 C0034